JN088919

社会人常識マナー
検定テキスト 2・3級

第2版

はじめに

本書は、公益社団法人 全国経理教育協会が主催する「社会人常識マナー検定」2・3級を対象とした学習教材です。

社会人常識マナー検定は、社会人として必要な知識やマナーの習得を促す検定試験です。ビジネスマナーの基本である適切な言葉遣い、動作、たしなみを身に付けることで、仕事を円滑に進め、周囲の人々に良い印象を与えることができます。

この検定への合格を導くテキストとして、本書は以下のポイントを踏まえて作られました。
　■検定試験を作問する先生方による丁寧な解説
　■イラストや図表を多用した分かりやすい内容
　■ケーススタディによる具体的な事例研究

社会人常識マナー検定1級の出題内容は、2・3級の要素を発展させたものです。したがって、本書は2・3級を受験される方はもちろん、1級の受験者にも有効に活用していただくことができます。また、就職を志望する若者、就職活動中の学生、企業の新人研修や若手企業人のキャリアアップにも役立てていただけることでしょう。

本書を元に学びを深めて、1人でも多くの方が社会人常識マナー検定に合格し、ビジネスの世界で活躍していかれることを祈ります。

令和2年2月
編者

目次

第1編　社会常識 …………………………… 13

第1章　社会と組織

社会人としての自覚

組織と役割

社会の変化

第2章　仕事と成果

仕事と目標

第3章　一般知識

第2章　来客応対

第3章　電話応対

第4章　交際業務

社会人常識マナー検定試験について

(受験要項より抜粋)

社会人常識マナー検定試験問題は、この基準により作成する。

3級

社会・組織の一員として必要不可欠な社会常識を理解し、初歩的な仕事を処理するために必要な知識やビジネスマナーを学び、社内外の人と良好な関係を築くために求められるコミュニケーション能力を習得している。

2級

企業・社会のしくみと一般的な社会常識を理解し、仕事を処理するために必要な知識やビジネスマナーを身に付け、自ら築いた人間関係を良好に保つために必要なコミュニケーション能力を習得している。

1級

企業・社会のしくみと幅広い社会常識を十分に理解し、目標達成のために自ら率先して高度な業務を処理できる知識やビジネスマナーを活用し、後輩指導・グループをまとめるリーダーシップ・トラブル対応などさまざまなビジネス場面で発揮できるコミュニケーション能力を習得している。

各級の出題範囲は次の社会人常識マナー検定試験問題出題範囲とする。ただし、下級の範囲を包含し、同一項目、同一範囲については級の上昇に応じて問題内容が高度化するものとする。

試験の形式は、3・2級はマークシートを使用した多肢選択式、1級は記述式。

項目	本テキスト対象		本テキスト対象外
	3 級	**2 級**	**1 級**
I 社会常識	1. 社会と組織 社会人の自覚 キャリアを理解する 会社組織の成り立ち スキルと能力 変動する社会 雇用形態の多様化	キャリアを形成する リーダーシップとフォロワーシップ 社会変化とその対応	
	2. 仕事と成果 目標の重要性 組織目標と個人目標 主体性の発揮 組織の活性化 企業と経営資源	仕事と成長 モチベーション 企業の社会的責任	リスクマネジメント リスクを予見・想定 対策と行動計画の策定 リスクの分析・活用
	3. 一般知識 政治や経済に関連する基礎用語 ビジネスの基礎は日本語（漢字の読み書き、類義語と対義語、同音異義語と同訓異字語） カタカナ用語 都道府県名・県庁所在地・都道府県別関連情報	税金や社会保障制度に関連する基礎用語 労働環境・経営意識に関連する基礎用語 四字熟語とことわざ・慣用句 欧文略語 世界の国名と首都	
	4. ビジネス計算 ビジネスにおける計算力 数式を元にした課題の解決		
II コミュニケーション	1. ビジネスコミュニケーション 傾聴の重要性とポイント 職場のコミュニケーション 組織と人間関係 良い人間関係のためのコミュニケーション 第一印象の重要性、立ち居振る舞い、身だしなみ、表情、お辞儀と挨拶 基本の挨拶言葉	社外の人とのコミュニケーション 顧客満足、社外交流のエチケット 上手なコミュニケーション 効果的な伝え方、分かりやすい話の組み立て方、説得力ある話し方	リーダーシップ
	2. 社会人にふさわしい言葉遣い 敬語の種類、尊敬語・謙譲語の適切な使い方 職場での言葉遣い 話し方と聞き方 指示の受け方、報告の仕方、連絡の仕方、相談の仕方	社外の人への言葉遣い 状況に合わせた来客応対、電話応対の言葉遣い好感を持たれる話し方説明、説得の仕方、注意・忠告の仕方・受け方、断り方、苦情の受け方	上司への報告、来客応対の言葉遣い（応用）
	3. ビジネス文書 ビジネス文書の書き方と留意点 社内文書の種類、形式 社内文書作成 報告書、議事録、通知文 グラフの種類と特徴	社外文書の種類、形式 社外文書作成 案内状 社交文書の種類、形式 社交文書作成 礼状 宛名の書き方 ビジネスメールの特徴 ビジネスメールの書き方	社交文書作成 議事録作成
III ビジネスマナー	1. 職場のマナー 出勤時から終業時 公私、機密のけじめ		状況応用
	2. 来客応対 上司や担当者と約束がある来客への応対 受付から見送り 約束のない来客への応対	約束がある来客 担当者が応対する 訪問・紹介のマナー 約束から訪問後	状況応用
	3. 電話応対 受け方の基本手順 　名乗り方から切り方 特別な電話の受け方 伝言メモ	電話を掛ける 　基本的な掛け方 特別な電話、携帯電話	状況応用
	4. 交際業務 慶事のマナー・結婚、弔事のマナー 病気見舞い	さまざまな慶事のマナー、会食とパーティー 贈り物と上書き	状況応用
	5. 文書類の受け取りと発送・他 文書の取り扱い、郵便の役割、さまざまな配送サービス オフィス環境と事務機器		状況応用
		6. 会議 会議の種類・形式・用語、会議の準備から後始末	状況応用
		7. ファイリング・他 文書類の保管、秘文書の取り扱い、名刺・カタログの保管、日程管理、押印の知識	状況応用

本書の使い方

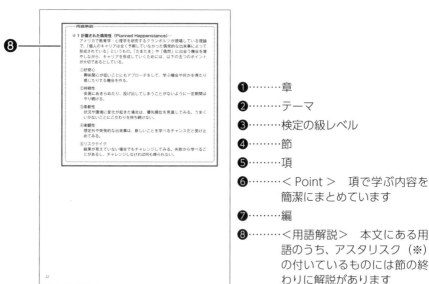

❶………章

❷………テーマ

❸………検定の級レベル

❹………節

❺………項

❻………＜ Point ＞　項で学ぶ内容を
　　　　　簡潔にまとめています

❼………編

❽………＜用語解説＞　本文にある用
　　　　　語のうち、アスタリスク（※）
　　　　　の付いているものには節の終
　　　　　わりに解説があります

＜ CASE STUDY（ケーススタディ）＞

社会人に求められる対応は状況に合わせて変わります。どのような振る舞い
や言葉遣いがもっともふさわしいか、ケーススタディのページで具体的な事
例を元に考えてみましょう。

第 **1** 編

社会常識

　現代社会に生きる一人の大人として必要な常識や心構えを
学びます。社会の中で企業がどのような位置づけにあるか、
そこで働く個々人に何が求められているかを理解することは
社会人の第一歩です。一般知識や計数感覚も養いましょう。

社会人の自覚

1 社会人・ビジネスパーソンとしての自覚

Point 社会を構成する一人として、私たちは社会のルールである法律をしっかりと守り、自立した生活者であることを自覚しなければいけません。その上で地域社会や所属する組織の一員としての責任と役割を果たすことが大切です。

（1）周囲の信頼を得るために

　学生生活を終えて、社会に出さえすれば社会人になるということではありません。私たち一人ひとりは、地域社会の一員であり、組織の一員でもあることを忘れることなく、果たすべき役割と責任を自覚して実際に行動に移すことが非常に重要です。社会にとって必要な存在であろうとする意思を強く持って、法律を基準とした地域社会でのルールを守りながら、所属している組織が社会に提供している商品やサービスを確実に送り出すことができるように取り組む行動力が不可欠になります。

　自分さえよければ良いといった甘えの意識を捨てきれずに生活をすることで、周囲からの信頼を得られないような状態では、地域社会における生活者としても組織におけるビジネスパーソンとしても明らかに失格で、社会人としては認められない存在となってしまいます。

　世の中の変化について速さや大きさをしっかりと把握し、自分を取り巻くさまざまな環境変化にも柔軟に対応していける力を継続的に発揮していくことも大切です。というのも、世の中の変化や時代の変化に合わせるかのように、社会のルールは次第に変わっていくことが頻繁に起こるからです。社会の変化に対応して変わっていく環境の中で、自分を見失うことなく社会の一員として貢献するための意欲と行動力とを持ち続けることが社会人の自覚であるといえます。

（2）成長の機会を自ら生み出す主体性が大切

そのような自覚を持った上で、ビジネスパーソンとしての観点から必要とされる意識や意欲、さらには行動について具体的に考えてみると、さらに多くのものが必要とされています。

現代のビジネス社会では、情報化の加速・グローバル化の進展・マーケットニーズの多様化など、まさに激動の日々が続いています。職場を取り巻く一連の環境変化に気づき、理解して対応する能力も求められていることは言うまでもありません。しかもそのような中で、ビジネスパーソンとして周囲と協働しつつ自らの成長を実現させていくためには、仕事での経験を通じて学び取っていくことが不可欠となります。

まず、周囲と協働して仕事を進めていくためには、コミュニケーション能力が必要となります。自分の考えや意見をわかりやすくしっかりと伝えることができると同時に、相手の意向を受け止めて理解することがその前提となります。表面的な会話がスムースにできることがコミュニケーションではなく、相手との意思疎通がしっかりと取れて相互理解が図れることがコミュニケーション能力といえます。また、指示を受けて動くといったような受け身ではなく、自ら働きかけて情報発信していけるような主体性もビジネスパーソンにとっては大変重要なスタンスです。

職場では、仕事を通してさまざまな経験をすることになります。知識やスキルが高まることで感じる成長実感、成果を収めることで自信にもつながる達成感や充実感など、得るものがとても多いことは明らかです。得るものをより多くするためにも、仕事が与えられることを待つのではなく、積極的に仕事にチャレンジして少しでも多くの仕事を経験して、成長の機会を自ら生み出していこうとする主体性こそが大切です。

（3）ストレス耐性を身につけよう

このように仕事をすることは、自己の成長につながるといえますが、一方で多くのストレスの中に身を置くということにもなります。同じ目標に向かって働く周囲の人との人間関係、納期を守らなければならないという意識、仕事の成果をより高めたいという思いがあるからです。

人に対するストレス、時間に対するストレス、成果に対するストレス、これらと向き合って業務に取り組むには、仕事であるといった覚悟が必要となります。しかしこれらのストレスも経験を重ねる中で改善を繰り返すことによって、乗り越えていくことが可能となるはずです。

その乗り越えていける力は、次の仕事に活かすことができるストレス耐性として自己の成長を促す力にもなっていくものです。

キャリアを理解する

1 キャリアは自分のもの

Point　働くという経験を通して、さまざまな知識やスキルを積み重ねていくことができます。過去から現在そして未来に渡って時間の経過とともに継続的な成長を遂げていくことをキャリアと呼びます。他人と比べる必要のない自分だけの大切なキャリアです。

（1）キャリアとは何か

「キャリアアップしたい」「キャリアに傷が付いた」などという表現をしばしば耳にすることがあります。また、国家公務員試験Ⅰ種に合格して中央官庁に就職した人のことを「キャリア組」と呼ぶこともあります。これらは、キャリアを限定的にとらえた結果で、経歴・立場・資格などと直結させた考え方によるものです。

　本来キャリアとは、長い時間をかけて職業経験を積むことによって、成長を続けていく生き方のことを意味します。一人ひとりが、それぞれ仕事をすることによって、新しい知識やスキルを身に付けたり、さまざまな人との出会いによって刺激を受けながら、対人対応力を高める機会を得るなど能力面での成長も含んでいます。

　働くということを通して、いろいろな経験をすることにより、学び・発見・気付きなどから自己成長につなげることが可能となるわけです。したがってキャリアにはアップもダウンもなく、私たちはそれぞれ異なる独自のキャリアを作りながら生きているといえます。

　国としてもキャリアの重要性に着目して、さまざまなキャリア教育の支援に取り組んでいます。文部科学省では「将来、社会的・職業的に自立して社会の中で自分の役割を果たしながら、自分らしい生き方を実現させるための力」とキャリアを位置付けています。多くの小中学校・高校などで、地域や企業と連携しながら職業体験をさせたり、社会人からの話を聞く機会を設けるなど、

キャリアを意識できる環境や機会を生み出しています。また、経済産業省では、社会人基礎力として『前に踏み出す力』『考え抜く力』『チームで働く力』の三つを柱に、社会が求める力を獲得して活躍できる人材の育成を目的としたサポートをしています。

（2）職業を選択する

　私たちは、それぞれ職業や仕事を選ぶ際に自分なりの大切にしたい基準というものを持っています。これは、就職活動などの際に選社基準にしてしまいがちな会社の規模・知名度・勤務地・給与などといったイメージや労働条件ではなく、私たちがアンカー（錨）として持っている働くうえで絶対に譲れない価値観のことです。この価値観を感じることができそうなフィールドを就職活動や転職活動によって選択して、キャリアを作り続けていく舞台にするといわれています。

　アメリカの社会心理学者であるエドガー・H・シャインが、その譲れない価値観を八つにカテゴライズし、キャリア・アンカー[※1]という概念にまとめて提唱しました。キャリア・アンカーとは「本当の自己を象徴する能力・動機・価値観によって形成されたもの」だと提唱しています。

　このように、それぞれの譲れない価値観を大切にして選択した分野で仕事という経験を継続させながら、知識やスキルを高め社会人として必要な能力を向上させていくことがキャリアであると認識することが重要です。その意識を持って仕事に取り組むことこそが社会人としての自覚だといえます。

用語解説 ···

※1 キャリア・アンカー…以下八つの価値観から成り立つ。

①専門職能特化
　専門性を磨き高めることで満足感を味わい、専門分野に特化できる道を志向。

②全般管理
　組織目標達成のために人を動かし、リーダーシップを発揮できる機会を好む。

③自律独立
　規則や規定に束縛されず、自分のペースや自分のやり方を基準に物事を進める。

④保障安定
　安定している環境で、先が読める昇給制度など将来の予想が可能な状況を望む。

⑤企業家的創造性
　自分自身が生み出した商品やサービスが社会で存続し、経済的な成功も収める。

⑥社会貢献奉仕
　社会・世の中を良くしたいという欲求が強く、周囲からの承認や評価を望む。

⑦純粋な挑戦
　解決が非常に困難だと思える課題に自らチャレンジすることを好む。

⑧生活様式
　公私のバランスと両立を重視し、柔軟な働き方を望む。

キャリアを形成する

1 「目指す自分」になるための挑戦

Point 仕事という経験を通して、社会人としてさまざまな成長を遂げていくことになります。与えられる機会を待つだけではなく、「目指す自分」を目標として設定した上で、積極的なチャレンジをすることが非常に大切です。

（1）キャリア形成の機会

　仕事の経験を通して私たちは、知識・スキル・能力を高めていくことになるわけですが、成長のための機会は大きく分けて二つに整理することができます。

　まず、実際に与えられた仕事をしながら上司や先輩から指導を受けたり、失敗から学ぶというもので、企業内教育手法の一つとして定着しているOJT（On The Job Training）と呼ばれるものです。これは、意図的・計画的・継続的に業務処理能力などを育成するためのものです。そしてもう一つは、Off-JT（Off The Job Training）で、日常の業務からは離れて研修会や講習会に参加することよって、知識を高めたり意識を向上させるというものです。いずれも会社側から与えられる人材育成のための機会ですが、キャリア形成には不可欠なものです。

　しかし、このように与えられる機会だけで満足するのではなく、日頃から「目指す自分」「ありたい自分」を目標として設定することが重要となります。自ら設定した目標に到達したいという思いは、主体性の発揮につながって成長を加速させるための大きな力となるからです。興味関心のある社外セミナーやイベントに参加する、通信教育や書籍から新たな知識を獲得する、資格取得に向けた取り組みをするなど、積極的な行動で自ら機会を作り出していくことにより、キャリア形成の機会を大きく広げることが可能となります。

（2）変化による成長

　キャリアを形成していくものには、意図しない環境変化によるものも多くあります。特定の分野に関する知識を得たい、課題だと感じている能力を高めたいなどと意識していなかったにもかかわらず、後から振り返ってみるとたまたまある変化に遭遇したために獲得できたものがあるということです。

　例えば、人事異動で所属部署が変わることになった場合、担当業務が変わり、仕事をするために必要な知識やスキルを新たに身に付けなければなりません。上司や同僚も変わるため、人間関係を構築する必要性もあります。さらに勤務地の変更を伴う場合は、生活拠点も変わるため、その地域に溶け込む努力や地域性に合わせた生活を送る中で新しい人脈が作られるということにもなります。

　予期していなかった環境の変化に対応することで、新たな知識やスキルの獲得、対人対応力や変化適応力の向上などにつなげることが可能となります。一つのことに集中して取り組んだ結果、専門性を高めていくというキャリア形成の仕方ももちろん重要な手法ですが、「計画された偶発性」[※1]というキャリアに関する理論もあるように、予期せぬ出来事や突発的なことをチャンスととらえることもキャリアを形成していく上では大変重要なことです。与えられる機会、自ら作り出す機会、偶発的な機会から多くのことを学び取ることができるのです。失敗することを恐れず、失敗から学ぶことを重視し、試行錯誤を繰り返すうちに成長を遂げることができると知っておくことが大切です。より多くの経験から変化につながる機会を得ることが、社会人として成長するためには非常に重要です。

※1 計画された偶発性（Planned Happenstance）…

アメリカで教育学・心理学を研究するクランボルツが提唱している理論で、「個人のキャリアは全く予期していなかった偶発的な出来事によって形成されている」というもの。「たまたま」や「偶然」に出会う機会を増やしながら、キャリアを形成していくためには、以下の五つのポイントが大切であるとしている。

①好奇心
　興味関心が低いことにもアプローチをして、学ぶ機会や何かを得たり感じたりする機会を作る。

②持続性
　安易にあきらめたり、投げ出してしまうことがないように一定期間はやり続ける。

③柔軟性
　状況や環境に変化が起きた場合は、優先順位を見直してみる。うまくいかないことにこだわりを持ち続けない。

④楽観性
　想定外や突発的な出来事は、新しいことを学べるチャンスだと受け止めてみる。

⑤リスクテイク
　結果が見えていない場合でもチャレンジしてみる。失敗から学べることがあるし、チャレンジしなければ何も得られない。

会社組織の成り立ち

1 組織と役割

Point
社会の発展と人々の生活向上に貢献するために、企業は商品やサービスを社会へ提供することで適正な利益を生み出しながら存続していくという目的を持っています。それを実現させるために、それぞれの役割を持つ部署と人材によって組織が成り立っています。

（1）スタッフ部門とライン部門

　会社組織は、部署が持つ役割の視点から見ると、スタッフ部門とライン部門の二つに分けることができます。スタッフ部門とは、総務・経理・人事などの管理部門ともいわれ、企業目標の達成に向けて直接的な活動を行う営業・販売・生産などのライン部門をサポートします。この二つの部門が、お互いに連携を取りながら効率よく機能することによって、円滑に事業を進めていくことができます。

会社組織の例

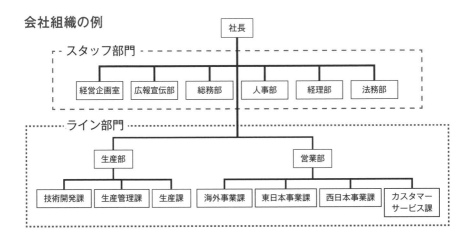

自分が所属している部署の仕事だけに目を向けず、関連する他部署や会社全体の動向をしっかり理解することが大切です。部署間の情報共有などにより、成功事例や課題の共有を行うことで、より効率的な事業運営が可能になります。

（2）各部署の役割

　会社の規模や業種などによって、組織構成はさまざまですが、主要な部署の担当業務を紹介しておきます。

・経営企画室

　会社全体の方針や戦略を策定するところで、年度別の経営目標や中長期計画などを設定します。

・広報宣伝部

　会社の商品やサービスの紹介に留まらず、企業イメージの向上に向けた広報活動をマスメディアや多様な媒体を活用して社会へ伝えていきます。

・総務部

　会社全体の業務を円滑に行うための仕事を幅広く担当します。社内イベントの準備・運営、備品の購入・管理、社外からの問い合わせに対応します。

・人事部

　人材確保と人材育成、労務管理などを行います。採用・配属・教育・人事考課・福利厚生などの人に関わる領域すべてが対象となります。

・生産部

　市場に送り出す商品・サービスの品質に責任を持ち、適切な価格で納期を守って作り出します。コスト・納期・品質を最重視することが求められます。

・営業部

　顧客が抱える課題解決のために、会社の商品やサービスを提案して販売し、直接売上と利益に貢献します。受注契約の締結・納品・入金確認まで責任を持ちます。

（3）組織マネジメント

　会社という組織を役職や権限の視点で見た場合には、マネジメントは社長・専務・常務・取締役など経営管理者層によるトップマネジメント、部長・課長など中間管理者層によるミドルマネジメント、係長・主任など業務遂行リーダー層によるロアーマネジメントの三つに分類されます。中長期視点に立って明確に企業の方向性を示すトップマネジメントと、部下育成を重視しながら担当領域の目標達成を戦略的に推進していくミドルマネジメント、さらに業務改善と効率化を図りながら担当業務での目標達成に取り組むロアーマネジメントであるともいえます。これらのすべてが連携し、機能していることが組織運営には大変重要です。

　組織を人間の体に例えるなら、脳からの指示は神経を通って体全体に伝えられ、血液の循環によってそれぞれの機能を果たしながら行動を起こします。この神経や血液にあたるものこそが、組織ではコミュニケーションなのです。

第1章
社会と
組織

組織と役割　3級

スキルと能力

1 仕事をするための力

Point

任された仕事を確実にやり遂げるためには、さまざまな能力が必要となります。しかし目の前の仕事をこなすだけでは、組織からの期待に応えることはできません。長い視点でスキルの獲得を継続させていくというスタンスを持つことが大切です。

（1）多様なスキル

　スキルという言葉は、生産部門や製造部門など技術系の領域で必要とされるものだというイメージを持たれがちです。しかし仕事をしていくために欠かすことができないスキルは、言うまでもなく営業部門や事務部門で活躍する上でも多種多様なものが存在しています。

　幅広い情報の伝達・収集・共有、ビジネス文書の作成などには、PCやインターネットの活用を含むITスキルが必要不可欠です。また、担当業務を遂行するためには、その業務に関する特別な知識や深い経験などから専門スキルと呼ばれるものを身に付けておく必要もあります。仕事をする上で必要となるこれらのスキルを**テクニカルスキル（業務スキル）**と呼びます。

　そして、相手に対して自分の考えや意見を分かりやすく伝えることができる伝達能力や、相手の意向をしっかりと聞いて把握する理解力の活用で意思疎通を図り、共感や合意を生み出していけるコミュニケーション能力も大切です。同じく他者に対してという視点ではリーダーシップ能力の発揮や、組織目標の達成に向けて、周囲へ的確な指示やアドバイスができるマネジメント能力もビジネス経験に応じて求められることになります。人に対して発揮するこれらのスキルは**ヒューマンスキル（対人スキル）**といわれるものです。

　さらに、多くの経験を積み重ねる中で獲得した知識や情報を体系的に組み合わせることによって、複雑な事象を概念化させて物事の本質を把握することができるようになります。これは、抽象的な考え方や物事の大枠を理解

する力ともいえます。論理的に考えて分析できる論理的思考力、問題や課題の本質を見抜いて対策を立案する課題解決能力、経験から学んだことを新しいことに活用する応用力や将来の起こりうる事態を想定する予測力などは**コンセプチュアルスキル（概念化能力）**としてまとめることができます。これらは多くの経験やさまざまな情報などを複合的に取り入れて活用できる力です。テクニカルスキル・ヒューマンスキル・コンセプチュアルスキルは社会人にとって高め続ける必要のあるスキルです。

（2）スキル到達度と資格

　このようにスキルは、「技術」という言葉よりも「能力」ととらえるほうが適切であると考えられます。

　スキルの中でも、仕事をしていくために必要なスキル（テクニカルスキル）に関して、その知識レベルや習熟度合いを測定するために資格取得が一つの目安となっています。資格は、国家資格・公的資格・民間資格の三つに大別されます。

◆国家資格

　国や国から委託を受けた機関が実施するもので、知識や技術が一定水準以上にあることを国が認定します。業務独占資格として、業務遂行のために資格取得が必須条件となっている弁護士・医師・薬剤師・美容師などの資格、名称独占資格として、中小企業診断士・社会保険労務士・介護福祉士・気象予報士など有資格者だけが名乗ることができる資格や、宅地建物取引主任者・旅行業務取扱管理者・管理業務主任者・衛生管理者など特定の事業をする場合に有資格者の配置が法律で義務付けられている設置義務資格があります。

◆公的資格

　公益法人や民間の団体などが実施するもので、文部科学省・経済産業省などの官庁や担当大臣が認定をします。簿記やマナーなどのビジネス系、英語や漢字などの語学系の資格など多様なものがあります。知名度の高さだけではなく、資格の信用度も高いものが多いことから、国家資格に準じた位置付けの公的資格を取得することで知識や技術水準の評価をされることになります。

◆民間資格

　企業や民間の団体が実施するもので、それぞれ定められた審査判定基準に基づいて認定される資格です。国家資格・公的資格と同様の高い知名度や信用度を持つ資格も多く、業務に直接結び付く資格が多いという点が特徴の一つです。

　大変多くの資格が存在していますが、資格の取得自体が最終目標とならないように意識して、資格取得のために努力をした過程で得た知識やスキルを資格取得後により良い仕事ができるよう活用させていくことが最も大切です。

リーダーシップとフォロワーシップ

1 リーダーとフォロワーに必要なもの

Point 組織やチームには、リーダーが発揮するリーダーシップとフォロワーが発揮するフォロワーシップが存在します。この二つが、相互に補完する関係性を構築することが、成果を生み出す強い組織になるための大切な条件です。

（1）リーダーシップ

　リーダーシップについては、「組織やチームをまとめて引っ張る能力」「目標達成に向けて明確な指示や判断を示す能力」「チーム内で率先して行動し、周囲の見本となること」さらには「メンバーのやる気に火を付け、個々の能力を最大限に発揮させること」など、さまざまな表現で定義されています。すべて正しくリーダーシップを表す言葉ですが、これらに共通しているのは、部下・メンバーとの間の『信頼感』がベースとなっていることです。リーダーシップを発揮するために必要となる能力やスタンスをまとめてみます。

①目標明示

　組織やチームが向かうべき方向性やゴールを明確に指し示す。

②コミュニケーション能力

　部下・メンバーの立場や意見をよく理解してチームをまとめる。

③達成意欲

　目標達成を成し遂げるという強い意志と高い意欲を持つ。

④行動力

　自ら率先して行動し、組織・チームによい刺激を与える。

⑤指導育成

　部下・メンバーの成長に必要な知識・スキル・スタンスを要望しサポートする。

　リーダーシップは、決して生まれつきの才能や地位・肩書などによって発生するものではありません。リーダーとしてメンバー一人ひとりとの信頼形成を

前提とすることが非常に大切で、リーダーについていきたいという気持ちがメンバーに生まれることがリーダーシップとなるのです。

（2）フォロワーシップ

　上司やリーダーが組織・チームを引っ張るリーダーシップに対して、部下やメンバーという立場で組織・チームを支えるフォロワーシップ[1]があります。これは、単に与えられた指示を受けて、その指示に従うだけというものではありません。上司やリーダーからの指示やアドバイスを受動的な態度で待つだけではなく、自主的な判断や行動を伴って、組織・チームとしての成果を最大限にするための取り組み姿勢や行動が求められます。

　従来は企業などの組織において、強いリーダーシップを持った人材を育てることを人材育成のポイントに据えていました。しかし、最近ではしっかりとフォロワーシップが発揮できる人材も同時に育成する必要性が高まってきています。この背景には、多様化する社会のニーズや価値観、変化スピードを加速させる一方の経済環境などが影響していると考えられます。より市場や顧客に近いメンバーが感じていることやつかんでいる情報を迅速かつタイムリーに上司・リーダーへ伝達することが、組織目標の達成にとって重要な要素となっているからです。

　それでは、フォロワーシップを発揮するためには、どのような意識や行動が必要となるのか整理してみましょう。

①主体性

　指示がなくても自ら考え、行動するための準備を整えておく。

②チャレンジ意欲

　改善や効率化につなげられると思うことに積極的に挑む。

③伝達提示

　修正すべき点や共有すべき情報を上司やリーダーへ伝える。

④貢献意欲

　組織・チームの成果に貢献できる存在でありたいという意欲を持つ。

⑤協働

　周囲のメンバーと連携・協力して業務に取り組む。

このように目標とする成果に向かって、組織やチームを引っ張る力のリーダーシップ、支える力のフォロワーシップとが相乗効果を発揮する状態を生み出すことが組織・チーム力の向上には不可欠です。

┌┄┄┄┄**用語解説**┄┄┄┄┄┄┄┄┄┄┄┄┄┄┄┄┄┄┄┄┄┄┄┄┄┄┄┄┄┄┄┄┄┄┄┐
┆
┆　※ 1 **フォロワーシップ**…カーネギーメロン大学(アメリカ)のロバート・ケリー
┆　教授が提唱したもので、組織の成果はリーダーシップが 1 割、フォロワーシッ
┆　プが 8 割影響するという調査結果の発表から注目された。
┆
└┄┄┄┘

変動する社会

1 多様な変化

Point

私たちは、国内外のさまざまな変化の影響を受けながら生活をしています。地球規模での環境問題や国内で抱える多くの課題など、多様な変化をしっかりと理解しておくことは、社会人としての責任を果たす上でも非常に大切なことです。

（1）世界的規模の課題

　1950年に25億人だった世界の人口は、2000年に61億人となり、2019年には77億人へと増加の一途をたどってきました。この間に「人類は大きな進歩を遂げてきた」とも言われます。確かに先進国では、著しい工業化や医療の発展などが実現してきたのも事実ですが、一方で人口の急激な増加の中、食糧不足や医療の恩恵を受けられずに生命の危機にさらされている後進国の人々の問題は大きくなるばかりです。工業化の進展や自動車の普及などが大気汚染・水質汚染・土壌汚染を引き起こし、世界各地で問題となっています。地球温暖化による異常気象や海面上昇、さらにはオゾン層の破壊など地球規模での環境破壊は、早急に対処しなければならない問題として注目されています。今後も人口は増加を続けて、2050年には世界の人口がほぼ百億人に達すると推計されています。地球環境がより深刻な状況に陥ることを防ぐためにも、早急に対応策に着手して改善を図らなければならない時を迎えているといえます。

　このような環境問題の他にも、世界各地で宗教や民族の違いによる紛争や内戦、戦争も起こっています。人々の相互理解の促進と安全・安心な生活を確保するための具体的行動が必要不可欠な時代となっています。

　これらの問題に対して、各種の国際機関や先進諸国が解決に向けた取り組みを行って、状況改善に向けたルール作りもされ始めていますが、まだ十分な効果が見られるまでには至っていないのが現状です。私たちは、国や国

際機関に任せるだけではなく、先進国の一員として果たすべき役割が大きいことを認識することが必要です。そして一人の社会人として、身近なできることから環境問題や世界的な経済格差の解消、国家や宗教などの枠組を超えた課題解決に取り組んで、行動に移していくことが求められています。

（2）国内の課題

　国内に目を向けると、少子高齢化を背景としたさまざまな課題や、価値観の多様化に関連した課題なども数多く存在しています。少子化の傾向は、出生数や出生率が明らかに示しています。第2次世界大戦直後の第1次ベビーブーム（1947〜1949年）には出生率（一人の女性が生涯に産む子どもの数）は4人を超えていて、1949年の出生数は269.7万人で戦後のピークとなりました。第2次ベビーブーム（1971〜1974年）の時期にも209.2万人の出生数となるなど、人口の増加を加速させましたが、最近の出生数を見ると2020年には81万人にまで低下しています。

　一方の高齢化について見てみると、1950年時点では65歳以上の高齢者は人口の4.9％を占めていたに過ぎませんでした。その後、高齢者比率は増加を続けて、1985年の10.3％、2000年の17.4％、2015年の26.6％を経て、2020年には28.6％にまで高まりました。さらに推計（国立社会保障・人口問題研究所2017.4「日本の将来推計人口」）によると2025年に30％、2050年には38％の高齢者比率に達するとされています。

　このように世界で平均寿命のトップを争う日本は、高齢化が進む一方で、出生数は低減傾向を継続させており、すでに始まっている総人口減少の傾向は今後も確実視されています。このことは、労働人口の減少に伴う生産力の低下、外国人労働者の受け入れ強化、女性の活躍領域の拡充などの面だけに留まらず、老人医療・介護・年金などの社会福祉全般にも影響を及ぼす問題となっています。さらに、安心して子育てができる環境整備のため、雇用者側の意識改革やワーク・ライフ・バランスを重視した柔軟な雇用体制の構築、保育園などの子育てサポート体制の充実などが急がれています。

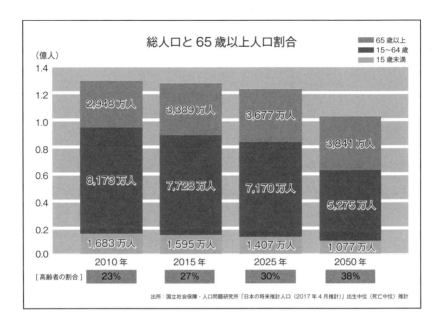

総人口と65歳以上人口割合

凡例：
65歳以上
15～64歳
15歳未満

（億人）

	2010年	2015年	2025年	2050年
65歳以上	2,948万人	3,389万人	3,677万人	3,841万人
15～64歳	8,173万人	7,728万人	7,170万人	5,275万人
15歳未満	1,683万人	1,595万人	1,407万人	1,077万人
[高齢者の割合]	23%	27%	30%	38%

出所：国立社会保障・人口問題研究所「日本の将来推計人口（2017年4月推計）」出生中位（死亡中位）推計

雇用形態の多様化

1 働き方と価値観

Point 働き方は、正規雇用と非正規雇用といわれるものとに大きく分かれています。多様な働き方を知った上で、賃金や生活安定度の高低だけの側面に限定しない差異を理解して、さまざまな課題を把握します。

（1）正規雇用と非正規雇用

　正社員・正職員と呼ばれ、雇用期間に定めがない「正規雇用者」と、パートタイム・アルバイト・派遣社員・契約社員・嘱託・業務委託など雇用期間や業務内容に一定の制限がある「非正規雇用者」としての働き方とに大別されています。双方の雇用形態には、賃金や就労機会の安定性などの面で隔たりがあることが指摘され、社会問題の一つとなっています。

　日本型経営の特徴でもあった終身雇用制や年功序列賃金は、社会や経済の変化・価値観の多様化などを受けて、すでに崩壊しているともいわれます。雇用者側は、会社の存続のために状況に応じて従業員を削減したり、複数の雇用形態を導入して人件費の削減を経営手法の一つとして実践してきました。そのような結果、非正規雇用と呼ばれるさまざまな働き方が、増加し定着する要因にもなりました。

　専門性や得意分野における能力の発揮にこだわって業務委託契約の道を選んだり、子育てや介護など家庭の事情や時間的な制約との兼ね合いで派遣社員・パートタイム・アルバイトなどの働き方をする人など、個人の価値観や生活環境に応じた選択をした結果、非正規雇用の立場でいる人が多く存在しているのも事実です。しかし、非正規雇用には正規雇用と賃金格差や待遇における差異があり、生活水準の維持向上やキャリア形成の妨げにつながるという指摘もあります。

　正規雇用と非正規雇用の労働人口における割合の変化が大きく変化してい

ることも、身近な社会問題として注目される要因でしょう。1989年の労働人口4,268万人のうち非正規雇用で働く人は817万人で19.1%でしたが、2018年には労働人口5,596万人のうち2,120万人となり、労働人口の37.4%を占めるまでに増加しました。2018年現在の非正規雇用の内訳を下記にまとめます。

パートタイム 1,035万人（48.8%）	アルバイト 455万人（21.4%）	契約社員 294万人（13.9%）
派遣社員 136万人（6.4%）	嘱託社員 120万人（5.7%）	その他 80万人（3.8%）

（　　）内の%は非正規雇用者における率／総務省「労働力調査」

（2）雇用形態と課題

　雇用形態の違いによる観点から、賃金を年齢層ごとに時給ベースで換算した結果を見てみると、正社員と非正社員との間には大きな隔たりがあります。

	25-29歳	30-34歳	35-39歳	40-44歳	45-49歳	50-54歳	55-59歳
正社員	1,481	1,703	1,897	2,067	2,251	2,403	2,373
非正社員	1,217	1,292	1,299	1,294	1,270	1,259	1,280

数字の単位は円／厚生労働省「賃金構造基本統計調査」2018年

　さらに賃金以外にも、知識・スキル向上のための人材教育の面で正規雇用者に対するOJT、OFF-JTなどの人材育成サポートの機会や体制が、非正規雇用者には不十分であることも課題とされています。その他、各種保険制度などの適用状況でも差異が生じています。正社員と非正社員の違いを比較してみます。

	雇用保険	健康保険	厚生年金	退職金制度	賞与支給制度
正社員	92.5%	99.3%	99.1%	80.6%	86.1%
非正社員	67.7%	54.7%	52.0%	9.6%	31.0%

厚生労働省「就業形態の多様化に関する総合実態調査」2014年

　このように、社会情勢の変化や価値観の多様化を背景にして、さまざまな雇用形態が非正規雇用を中心に広がってきました。働き方を選択できるという柔軟性は労働者にとってのメリットといえるものですが、非正規雇用の選択をしたために、あるいは、その選択をせざるを得ない状況であったために収入の低下、成長機会の損失、保険制度の対象除外など多くの不安や負担を

招く可能性が生じる事態は避けなければなりません。今後ますます変化のスピードや度合いを加速させていく社会では、仕事の種類や働き方などは、さらに多様化してくることが予想されます。一人ひとりの価値感やライフスタイルなどが一層変化していく中で、生活の向上や安心感の醸成を図ることは、必要不可欠なことです。

　こうしたことを背景に、2018年6月、労働時間規制の強化や正規雇用と非正規雇用との不合理な待遇差の解消などを盛り込んだ「働き方改革関連法」（正式名称：働き方改革を推進するための関係法律の整備に関する法律）が成立し、2019年4月より、一部が施行されています。各種の法整備や雇用者側の意識改革などを含めて、格差の解消を推進していくことが、活力のある社会を作るために求められています。

社会変化とその対応

1 ボーダーレス社会の到来

Point 現代社会は、国家間や地域間の連携なしには成り立たないほど「ヒト」「モノ」「カネ」「情報」が国の枠組みを超えて流通するボーダーレス社会になっています。国内の変化に対処するだけでなく、国際化、情報化が進む社会の動きを把握して的確に対応できることが社会人に求められます。

（1）グローバル視点（世界的変化）

　国際化の進展が著しいといわれますが、東西冷戦の終結を象徴する1989年の「ベルリンの壁」崩壊以降、国際社会全体が自由主義経済（市場経済）へと移行していったことが、その背景にあります。世界各国の貿易増加や金融自由化などによる経済のボーダーレス化、交通手段や通信手段の発達の他、海外旅行者の増加などによる民間レベルの文化的交流の増加といったことも、国際化の加速に大きな影響を及ぼしています。

　国家間の垣根が低くなったことを受けて、ヨーロッパ・アフリカ・東南アジア・環太平洋などの地域ごとに、より密接な経済連携を図って地域としての活性化や成長を推進していこうとする動きも多く生まれてきました。ヨーロッパの欧州連合（EU）やアフリカ連合（AU）、東南アジア諸国連合（ASEAN）などの他、近年では、環太平洋経済連携協定（CPTPP）などが代表的な例として挙げられます。

　一方、このような地域連携に留まらず、世界的規模での経済関係を安定的に維持させていくため、特に先進諸国では共通のシステムや制度を策定することによって、先進国共通の価値基準（グローバルスタンダード）を設定していく必要性が高まりました。各国の会計基準を統合させて、新しい国際標準の会計基準を導入するための国際会計基準理事会の取り組みなどは、グローバルスタンダードの推進を示している良い例です。

　国内の市場にだけ目を向け、国内独自の基準に合わせているのではなく、世界基準で考え、判断し、行動できることが社会人としてもビジネスパーソ

ンとしても必要なことだといえます。

そして、もう一つ社会変化の大きなものとしては**情報化**が挙げられます。国際化にも大きく影響している変化ですが、インターネットの普及を軸としたいわゆるIT革命です。世界的規模での情報流通、情報共有を可能にさせ、情報の収集に要する時間を圧倒的に短縮させるなど、日常生活やビジネス領域においても非常に大きな変化をもたらしました。個人の趣味・娯楽レベルから業務の効率化、ビジネスの迅速化、組織の運営管理に至るまで、あらゆる場面で活用されており、まさに私たちの生活に変革を生み出しました。

（2）ドメスティック視点（国内変化）

日本の将来人口に関する推計によれば、現在の少子高齢化が継続した結果、日本の総人口は減少の一途をたどりながら、高齢者の比率は増加していくことが確実視されています。この傾向は、高齢化社会ではなく高齢者社会に向かっていることが明らかな上に、若い人を中心とした労働人口が減り続けることを意味しています。現在約1億2千万人の人口は、2060年には約8千8百万人にまで減少し、出生数も2020年には81万人が2060年には48万人に落ち込むと推計されています。

国の活力を維持するためにも、女性が働きやすい環境の整備、外国人労働者の受け入れ態勢の確立、老後の安心につながる社会保障の充実、高齢者医療や介護施設・介護スタッフの不足など課題は山積しています。

また、自然環境の面では、2011年に発生した東日本大震災をきっかけに地震や津波など自然災害に対する危機意識が高まりました。地震や津波が発生する可能性を想定して、対策を国・地方自治体・企業・家庭・個人それぞれの立場で、備えておく必要性も高まっています。

さらに、国内の地域が抱える問題に目を向けると、都市部への人口集中の反動によって、地方都市の活性化にブレーキがかかり、地方町村の急激な高齢化や過疎化など地域格差の問題も深刻な状況となっています。

その他にも、貧富の格差問題や子どもの貧困率上昇の問題、有害ドラッグの蔓延、高齢者を狙った詐欺事件の増加など、非常に身近なリスクや環境変化が起きています。

日常生活に密接に関わる変化、地域や国内の多様な変化、世界規模での大きな変化に囲まれて生活していることを自覚し、変化を敏感に感じ取れるアンテナを立てていくことが、社会人として今後より重要かつ必要な意識であるといえます。

事例紹介

　株式会社キャリア社は、人材関連の事業を行う創業20年の会社です。会社は教育研修部門・通信教育部門・書籍出版部門・文房具販売部門から成っています。新規事業を始めることが先日発表され、事業案を決定するために、三つのグループを社内で結成してプレゼンテーションすることになりました。最も優秀な企画として選出されたものを実際に事業化するため、社内では大変注目されています。発表までの期間は約3カ月で、各グループは前向きに準備を始めたはずですが、残念ながらどこも順調には進んでいないようです。どこにうまく進んでいない原因や課題があるのか、各グループの状況から考えてみましょう。各グループは各部門から選出された5名で構成されています。

Best! な対応

＜Aグループ＞グループ全員のやる気は十分で、それぞれの所属する部門に関連した新規事業を立ち上げようと懸命に取り組んでいます。お互いの考え方を理解しようと相互のコミュニケーションもしっかりと取れています。全員熱心に取り組んでいるにも関わらず、目指すゴールがつかみきれずにメンバーはとまどっています。

＜Bグループ＞ミーティングを重ねる中で、新規事業の提案はユニークな文房具を発売することに決定しました。文房具販売部門からの参加者が専門知識を生かしながらいろいろな提案をしました。しかしメンバーは皆忙しく、次第にミーティングを欠席する人も出てきました。欠席したメンバーには出席者がミーティングの概要を伝えて情報の共有はできていますが、グループとしての一体感が感じられません。

＜Cグループ＞強いリーダーシップを発揮するリーダーの指示に従って、今までにない通信教育のコースを提案することになりました。各部門から参加しているメンバーは、方向性をしっかり示して、皆を引っ張ってくれるリーダーの指示を確実に実行していますが、お互いに協力して取り組むことができず、効率の悪さが目立ちます。

　どのグループも努力はしているものの、それぞれ課題を持っているようです。

　Aグループでは、個々のメンバーが自分の得意分野や専門分野に関する知識と経験を生かしてグループの役に立とうと取り組み、メンバー間のコミュニケーションもしっかりと取っています。Bグループは提案するものが明確になっていますし、お互いをフォローするコミュニケーションも図られています。Cグループは強力なリーダーのもと、目指すべきものが設定されて、メンバーが自分の役割に責任を持って取り組んでいます。しかし、全グループとも十分に組織として機能できていない状態に陥っています。

　改めて各グループについて考えてみると、Aグループには全員で目指す目標の設定と共有がなされていません。Bグループの面々は、目標の達成に向けて貢献できる存在になろうという意欲に欠けているようです。Cグループでは、リーダーとメンバー、そしてメンバー同士で十分なコミュニケーションが取れていないようです。そこにそれぞれのグループの課題が存在していました。

　組織として成立するために必要不可欠な三つの条件について、アメリカの経営学者で事業家のチェスター・バーナードは、①共通目的　②協働意思　③コミュニケーションであると定義しました。組織を構成する全員で、明確に目的・目標を共有できていること、組織に属する一人ひとりが、目的・目標の達成のために貢献できる存在であろうという意欲を持っていること、そして共通目的と協働意思をつなぐコミュニケーションが十分図られていることが、組織として成立し機能するための条件であるということです。この三つを兼ね備えて初めて、互いに協力し合い、より大きな力を発揮するために組織内の協働が可能となるのです。

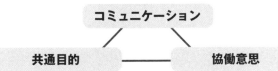

ここを Check!

■1 共通目的、協働意思、コミュニケーションのどれが欠けても、組織として成果を挙げることはできません。

■2 組織の一員として、組織目標や業務の目的を理解し、その達成に貢献したいという強い意欲を持ちながら、周囲とのコミュニケーションを図ることが非常に大切です。

目標の重要性

1 目標が持つ意味

Point

目標の必要性と重要性を理解して、目標が組織や個人の成長と密接に関わっていることを学びます。目標設定の重要性と目標達成の重要性、目標とやりがいの関係性についても考えます。

（1）目標とは

　組織や個人が行動を起こす際に設定するゴール・指標となるもの、それが目標です。どのような状態に到達したいのかを決めるということですが、明確な目標が存在しているかどうかによって、結果・成果は大きく異なってきます。目指すものや状態が明らかになっているからこそ、そこに到達しようとする気持ちや意欲が生まれてきます。そうした目標を設定する上で、大切な条件と注意すべき点があります。

　目標設定の条件として、

　　①納期（いつまでに）が明確に設定されていること
　　②具体的（分かりやすい）な表現になっていること
　　③達成可能（実現可能）なレベルのものであること

が挙げられます。

　時間的な制限を設けて、達成度合いを検証しやすいものとし、現実とかけ離れたものにしないことが大切です。いつまでにやるのかがはっきりしていなければ、危機感や緊張感のない状態になり、集中力が発揮されません。また、目標が具体的でないと振り返りをする時に、達成できた要因や、未達成で終わった原因を検証することが難しく、今後に活かすことが困難になります。さらに、目標のレベルが高すぎると行動に移す前からあきらめてしまうなど、前向きな発想や行動がとれなくなる可能性が高まります。

　その他にも、目標を設定する際に、その目標が持つ意味や達成すること

の意義をしっかりと理解しておく必要があります。何のための目標なのかということについて、納得感を持っていなければ意欲や主体性が生まれず、与えられた受け身の目標になってしまうからです。

（2）目標の種類

　目標は、**業績（数値）目標**と**行動（能力）目標**とに大きく分けることができます。どのような成果や結果を残すのか、そのためにどのような役割や機能を果たすのかということを目標として設定することになります。さらに、それぞれを中長期目標・年度目標・月間目標など期間ごとに設定していきます。

　異なる視点から目標を見ると、**組織目標**と**個人目標**とに分類することもできます。組織目標は、企業では全社目標・部門目標などとして設定され、経済環境や市場変化を分析して適切な目標を設定します。個人目標では、職種や業務内容、経験年数の違いなどによって、一人ひとりの成長につながるかどうかの視点も踏まえた目標設定を本人同意の上ですることが重要となります。

　さらに、組織や上司から**与えられる目標**と、自ら**主体的に設定する目標**に分類することもできます。前者は、組織の一員として責任を果たし、期待に応えるために達成へ向けて努力する目標であるのに対し、自己課題の解決や能力開発のために取り組むものが後者だといえます。

（3）目標達成のために

　設定した目標を達成するためには、いつまでに・どのようにして・どのような結果を出すのかということを常に意識して、取り組む必要性があります。

　達成までをイメージした計画性、状況の変化に対応できる柔軟性、計画を行動に移す行動力や継続性は大変重要で欠かせないものです。そして、そういった能力を発揮するための原動力となるものは、自分自身のやりがいやモチベーションです。それらを自覚して、目標の達成に向けた行動の中で活かしていくことができれば、目標達成の可能性は大きく高まるはずです。

　ビジネスパーソンとしての役割と責任を果たしながら成長を続けていくためにも、納得感のある明確な目標を設定することは、極めて重要な意味があるといえます。

組織目標と個人目標

1 連動する目標

Point　個人の目標は、チームの目標を達成するための条件として設定され、チームの目標は、部や課の目標達成には欠かせないものです。最終的には、組織全体の目標につながっていることを意識して一人ひとりが業務に取り組むことが大切です。

（1）目標の連鎖

　組織は人が集まることによって成り立っています。企業は営業・製造・管理などの部門に分かれ、その各部門は複数の部によって構成され、部は複数の課を束ねています。さらに課は、係やチームといった小集団から構成され、その小集団は個人の集まりです。企業によって名称は異なりますが、名刺などには社名・部課名・担当名の順で表記されていることからも組織の構成が分かります。

　個人目標と組織目標の間には距離があって、関連性を見つけ出すことが難しいようにも思われますが、個人の成果はチームや課の上位目標の達成のために、課の成果は部の、部の成果は部門の目標達成のためにと、それぞれ上位目標の達成のためには必要不可欠な条件となります。

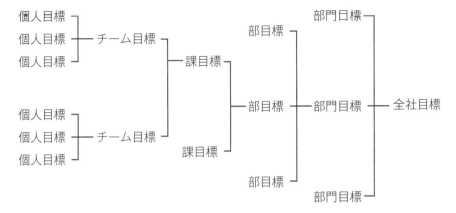

　組織目標をジグソーパズルの完成形と考えた場合、一つひとつのピースが、個人目標ということになります。どれか一つ欠けても完成させることができない重要な存在なのです。全体の中で、自分はどのような位置にあり、どのような役割を果たしているのかということを、正しく認識しておくことがとても大切です。

　そのためにも、上司や職場のメンバーなど周囲との情報共有に注意を払い、状況の確認をしながら、与えられた役割を確実に果たすことができるよう日頃から取り組むことが求められます。たった一つのピースがそろわないことで全体を完成させることができず、その他多数のピース（周囲のメンバーやチーム・部署）にマイナスの影響を与えてしまうからです。個人の仕事の成果が組織目標の達成に重要な意味を持っていることを自覚する必要がここにあります。

　一方で、個人レベルから組織目標を見るだけではなく、組織レベルから部門・部課・チーム・そして個人へと目標を落とし込んでいく視点も大切です。目標の設定時には、全社目標を達成するために有効な部門目標になっているのか、部門目標の達成に本当に必要な目標が部に与えられているのか、そして、課の目標を達成するために、チームの目標達成が条件となり、そのチーム目標は個人が目標をクリアすることによって、成し遂げられるものなのかどうかをしっかりと検証していくことが大きなポイントになります。

（2）目標の重要性

　私たち一人ひとりが、自身の目標の意味を理解して行動し、その役割と責任を果たすことで組織の目標を達成することが可能になります。目標とは、個人や組織としての目指す姿だといえます。そして、現状と目標との間には課

題が存在していますが、その課題を解決するために、多様な工夫や努力をすることによって、多くの知識やスキルが身に付いていくことにつながっていきます。

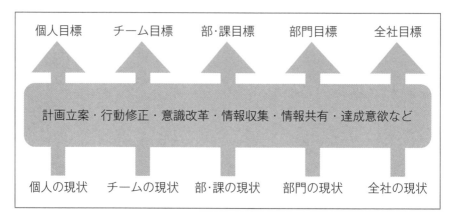

個人や組織の目標は、それぞれの進むべき方向性を示す重要な指標となるだけでなく、個人や組織を成長させる上でも非常に大きな意味を持っているのです。

仕事と成長

1 経験を力に変える

Point

仕事をすることによって、ビジネスパーソンとしてだけではなく社会人としての成長を果たすことができます。仕事という経験を通して、成長を実現するためのポイントやスタンスを整理して理解します。

（1）PDCAサイクルの活用

　仕事では、限られた時間内に、設定された目標に到達することが求められます。ある仕事に取り組んだけれども、納期に間に合わせることができなかった、期待される品質のレベルには至らなかったなど、不本意な結果に終わることもあるかもしれません。そのようなことを何度も繰り返していては成長は望めません。

　いろいろな仕事を経験する中で学び取った事柄を次の仕事に活かしていくことで、さまざまな知識・スキル・能力が自分の中に蓄積され、それが成長につながります。また、仕事の途中で障害やトラブルに直面した際に、柔軟な対応や的確な修正ができるようになるためにも、それまでの経験を有効活用できる力を養う必要があります。それには効率化の推進や周囲との連携だけでなく、過去の失敗や反省材料を活用することも非常に大切です。

　納期を守って目標達成を実現するために効率化を促進させ、工夫と改善を仕事に反映する手法として広くビジネス現場で活用されているPDCAサイクル[※1]という考え方があります。「計画（Plan）」「実行（Do）」「評価（Check）」「改善（Action）」の頭文字をつなげたものです。

　　・**計画（Plan）**

　　　設定した目標に対して、今までの実績や将来の予測などを元にして実現可能な業務計画やプロセスを立案設計する

・**実行（Do）**

立案設計した計画やプロセスに沿って、業務を実行する

・**評価（Check）**

実行した業務を評価して、計画に沿ったものになっているかどうかを分析、検証する

・**改善（Action）**

計画に沿っていない部分に対する改善措置を実施する

このPDCAサイクルを回して、最後の改善（Action）の結果から、最初の計画（Plan）を継続させるのか、修正するのか、破棄して新たに再計画するのかを検討していきます。この手順を螺旋状に繰り返していくことによって、計画的かつ継続的な業務改善を可能にするというマネジメント手法です。

（2）ビジネススタンスの構築

社会人として持つべきスタンスには、さまざまなものがあります。中でも、主体性とコミュニケーション能力は重要視されています。指示を受けてから動くような指示待ちの姿勢ではなく、目的意識を持って、自ら周囲へ働きかけていけるような積極的行動や意識を主体性と呼びます。そして、自分の考えや意見を相手に明確に伝えられる伝達力と、相手の思いや意思を受け止める傾聴力・理解力とを合わせて活用していけるものがコミュニケーション能力です。

①主体性を発揮するには

自分なりの目標と成長意欲を持つことが大切で、与えられる目標や機会を待っているだけでは受動的な態度に終始してしまいます。視野を広く持ち、自分自身・組織・社会の三方向へ目を向けることが、主体的な行動をとる上では重要です。

◆自分を知る

現状の自分と目指す状態とのギャップを把握することで、高める必要がある知識・スキル・能力などを目標として設定することができます。定期的な振り返りを行って自分自身の変化を確認することや、周囲からアドバイスやフィードバックを受けられるように働きかけて参考にすることなどが有効です。

◆組織を知る

所属する部署や組織の目標、戦略を把握し、どのような行動が貢献に結び付くのかを理解する必要があります。さらに、実際に貢献するため、

より貢献度を上げるためには、どのような課題があるのか認識しておくことが大切です。

◆社会を知る

業務に直接関係する市場動向だけでなく、国内外の政治・経済・技術・文化など幅広い領域の変化を、タイムリーかつ正確に理解するための情報収集活動を積極的に行うことが求められます。インターネット・テレビ・新聞・専門誌・書籍・人脈など多様な手段を活用します。

②コミュニケーション能力を発揮するには

対人コミュニケーションに目が向きがちですが、対社内・対社外・対自己のコミュニケーションについて考える必要があります。

◆社内コミュニケーション

上司・同僚・他部署の人々との情報交換の頻度を高めることで、情報や目標、戦略をより緊密に共有できるようになります。さらにお互いの状況の理解が深まれば、相互支援やサポート体制の確立にも役立ち、効率的な業務が遂行できます。

◆社外コミュニケーション

顧客・取引先・ユーザーなど商品やサービスを介して接する相手だけではなく、会社として考えると投資家や地域社会も大切なコミュニケーション先として位置付けられます。発信するメッセージの分かりやすさと受信するメッセージの正しい理解が、良好な関係を継続させる上で非常に大切な要素となります。

◆セルフ（自己）コミュニケーション

自己の意識や意欲の状態、体調も含めて自分自身と向き合うコミュニケーションも軽視することはできません。さまざまなストレスが原因で心身に影響を及ぼすことも珍しくない時代ですから、自分自身のメンタルマネジメントも必要です。

③「伝える」と「伝わる」の違いを意識する

「コミュニケーションの成否は相手が決定する」という言葉もあるように、一方的な情報の受発信では、コミュニケーションが図れたとはいえません。「説明したはず」「伝えたはず」であっても、相手が理解していないケースがあります。「そういうつもりではなかった」「そのように理解していなかった」というシーンもあるでしょう。どちらの場合も、意思や情報の伝達がうまくいかなかったために生じた事態です。「伝える」と「伝わる」の違いを双方

が意識して、伝達した内容と理解した内容を丁寧に確認することで、より良いコミュニケーションが実現可能となります。また、セルフコミュニケーションでは、事実としっかり向き合うことが「こうなるとは思わなかった」「こんなはずではなった」という事態になることを避けることにつながります。

これまで解説してきた主体性とコミュニケーション能力以外にも、社会人として求められるものには、計画性・協調性・ストレス耐性・創造性・継続性・課題発見力・課題解決力・成長意欲・達成意欲などさまざまなものがあります。私たちは、一人ひとり異なる強みや弱みを持っています。仕事という経験をすることは、自己の課題に気付いて修正をしていくことだけに留まらず、持ち味を一層強めたり、新たな強みを発見することにもつながっていきます。

より多くの経験は、より多くの変化に遭遇することを意味します。変化は成長の契機であることをしっかりと認識することが、社会人の成長につながります。

（3）成長の可能性を高める

自己の成長を促進させるためには、周囲との信頼関係を構築し、情報共有や共感が実現できるような"安心できる場"を作ることが重要です。自分の足りない点や弱い部分についての率直な指摘やアドバイスは、多くの気付きをもたらしてくれるからです。そして、自分の考えや疑問点などを素直に伝えることも、相互理解には重要です。どの点に意見や理解度の相違があるのかを明確にすることで、解決方法が見つけやすくなるからです。

自分と他者との関係性を四つの枠に整理したジョハリの窓[※2]を使って、考えてみることにします。

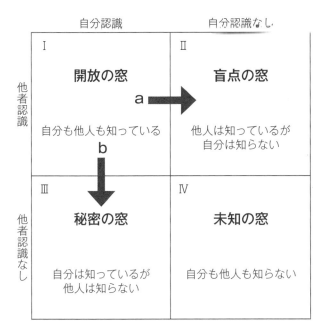

上の図で、Ⅰの「開放の窓」は自分も他人も知っている領域を表します。この窓が大きいほど、コミュニケーションもしやすく、分かり合えていることを示しています。この窓をより大きくすることで、意思疎通もさらに良好になり、情報の共有や相互理解が進むことになります。それにはaの方向へ自分の認識を広げることが必要で、その行為に当たるのが**フィードバック**を受けることです。もう一方のbのベクトルは、**自己開示**することでⅠの窓を広げることを意味しています。

他者からのフィードバックを受けてそれを受容することと、自分の思いや考えを他者へ発信していくことが、信頼関係構築の基礎となるはずです。この意識を持って実践していくことが成長の可能性を高めることにつながります。

······**用語解説**······

※1 PDCAサイクル…1950年代にアメリカで生まれた品質管理の管理手法。

※2 ジョハリの窓…円滑なコミュニケーションと自己成長をするために自分と他者の認識の違いを把握することに着目したモデル。

モチベーション

1 行動の源泉

Point 人はそれぞれ異なるモチベーションを持っています。多種多様なモチベーションの存在を知り、仕事をする際の原動力ともなることを理解します。

（1）モチベーションのタイプ

　ものごとに立ち向かったり、行動を起こすときの原動力になるモチベーションは「動機づけ」などの意味として使われます。「動機」は外部からの刺激を受けることよって発生する外発的動機と、自分の中から湧き上がってくる内発的動機とに分けることができます。モチベーションは、過去の経験や価値観などによって形成されることが多く、一人ひとり異なるものです。自己分析をする上でも、自らのモチベーションを確認することには重要な意味があります。一般的には、過去の経験や出来事を振り返って、前向きに取り組んだことやあきらめずに粘り強く努力を続けたことから、自分自身の中に存在しているモチベーションを確認する手法が用いられます。

　モチベーションは人それぞれに異なりますが、その特徴から大きくいくつかのグループに分類することができます。どのような環境や要因が、働く上でのモチベーションとなり、仕事への前向きな姿勢を生み出すことにつながるのかを整理してみます。

①組織貢献型

　自分のした仕事が、所属している組織のために役に立つことができたと感じられるように取り組む。

②社会貢献型

　自分の仕事や、所属している組織の商品やサービスが、世の中に良い影響を及ぼしていることを感じられるように取り組む。

③自己成長型

自分の知識・スキル・能力が向上していることを自分自身で実感できるようになるために取り組む。

④評価型

自分のした仕事の結果や成果に対して、周囲から認められ、褒められたり感謝されたいという思いで取り組む。

⑤達成感型

自分が目指す目標に対して、工夫や改善の努力をした結果、目標に到達した瞬間に感じられる気持ちを味わうために取り組む。

⑥人間関係型

職場の上司や同僚など、周囲との人間関係が良好で、一体感を感じることができるような環境で取り組む。

⑦家族型

家族の生活を守り、安定した家庭生活の維持・向上を実現するために、自分の仕事で責任を果たそうと取り組む。

⑧個人型

個人の生活を守るため、安定した収入を確保しながら、プライベートの充実も図ることを意識して取り組む。

（2）モチベーションの活用と拡充

　このようにさまざまなタイプのモチベーションが存在しています。私たち一人ひとりは、それぞれ独自のモチベーションを原動力として仕事をしています。どのようなものが自分のモチベーションになっているのかを把握できれば、業務推進力として活用できるだけではなく、仕事への意欲が低下したり、やる気が起きない状態に陥った際に解決策を見つける上での参考材料にもなります。

　モチベーションは固定化されたものではなく、現在モチベーションとなっているものだけに限定されることはありません。人事異動や昇進昇格によって職場環境や担当業務さらには役割にも変化が生じることもありますし、家族構成の変化によってもモチベーションは変化する可能性があります。したがって、今の自分にとってモチベーションとなっているものが何かをタイムリーに把握して、主体的かつ前向きに仕事に取り組むための要因として自覚しておく必要があります。

職場や担当業務の変化によって新たな経験をするような場合、今までの自分にはなかったモチベーションが新たに作られる絶好の機会にもなるといえます。環境変化はモチベーションを増加させ、新しい自分を創り出す契機となるのです。

主体性の発揮

1 目的意識を持つ

Point　社会人として成長を続けていくには、業務目標を達成することだけでなく、指導力や協調性、サポート力など周囲への影響力を与えられる存在として、人間性を高めることも大変重要です。なりたい自分を目指すという意欲や欲求が主体性を発揮することにつながります。

（1）成長意欲の継続

　経験を積み、ある程度知識やスキルが高まってくると、自分のできる範囲内で仕事をすることに安心感を持ってしまい、さらに自分を高めるための自主目標の設定を怠りがちになります。それは今後の成長の可能性を止めてしまう危険な事態といえます。その時々の状況に応じて自主的な成長目標を設定することによって、社会人としてのさらなる成長が可能となるのです。

　アメリカの心理学者マズローが提唱したものに、「欲求5段階説」があります。人間の欲求は五つの階層に分かれてピラミッドのように構成されており、下層の欲求から上層の欲求へと、欲求の段階を順次上げていくという考え方です。

```
                自己実現欲求

              尊重欲求

            社会的欲求

          安全欲求

        生理的欲求
```

①生理的欲求

生命を維持するために食事をする、睡眠をとるなど人間としての基本的かつ本能的な欲求。

②安全欲求

経済的な安定性の確保、健康状態の維持、天災や事故からの回避など安全な状態に身を置きたいという欲求。

③社会的欲求（所属と愛の欲求）

会社や家族など何らかの集団に属していたい、仲間が欲しいといったもので、自分の社会的役割を自覚したいという欲求。

④尊重欲求（承認欲求）

価値のある存在として周囲から認められたい、他者から尊敬される存在でありたいという欲求。

⑤自己実現欲求

自分の持つ能力や可能性を最大限に発揮することによって、「ありたい姿の自分」を実現させたいという欲求。

　健康や生活の安定は、生きる上で大前提となる大変重要なものです。さまざまな危険から身を守って生活をすること、また家族や職場、地域の一員であるという自覚も存在感を実感するためには大切なものです。さらに役職や収入によってではなく、人から尊重されることは自己信頼感にもつながるはずです。そして、最終的に自分が社会人としてどうありたいのかを考え、それを追求するための努力を継続していくことが、成長を続けるということになるのです。自己実現を目指して、自ら決断して設定した目標を追い求めるためには、主体性を発揮していくことが不可欠となります。

（2）ビジネスパーソンとしての成長の継続

　自己実現を目指して社会人としての成長を続けるために欠かせない要素として、職場での主体性の発揮が挙げられます。多くの課題やプレッシャーの中にあっても仕事で成果を出すことが求められるわけですが、主体性を保ち続けるために必要なポイントを四つ挙げておきます。

①ストレス耐性

　仕事をする上で感じる、「納期の時間」「協働する人」「仕事の品質」の3つのストレスに負けない強さと柔軟性。

②コミュニケーション

　指示やアドバイス、情報交換と共有、伝達と確認など迅速かつ的確なコミュニケーションを周囲と取っていくこと。

③オリジナリティ

　自分の持ち味を活かしながら、担当業務を遂行していけること。

④パフォーマンス（成果）

　業績や成果を出すことに対して強い意志と責任感を持つこと。

組織の活性化

1 活性化のための条件

Point 組織がめまぐるしい社会変化に柔軟に対応しつつ、最大限に個人の能力の発揮をするためには、組織が活性化している状態を作りあげ、それを維持することが重要です。組織の活性化に必要なことがらを整理して考えます。

（1）組織・個人・関係性

　組織の活性化は、新しい製品やサービスが次々と生み出されている、従業員が生き生きと仕事をしている、部署間の情報交換が非常に活発であるなど、いろいろな側面から感じ取ることができます。組織の活性化をここでは、「納得感のある組織目的を共有し、協働を図りながら、前向きに取り組んでいる状態」と定義します。「組織としての方向性が明確になっていること」「人と人・チームとチームなどが連携しあえていること」「それぞれが成長意欲を持っていること」と言い換えることもできます。組織の活性化を実現するためのポイントや具体的な取り組み事例を、組織・個人・関係性の三つの観点から考えてみます。

①組織の観点

　組織の存在意義や目的・ビジョンを明示して、組織として目指す方向性を全員で共有し、その実現に向けて個人支援も含めたさまざまな仕組みや制度作りが必要です。

・組織として目指す方向性を言語化して伝達

・人事制度、評価制度、育成制度などの有効活用

・会議による定期的な必要情報の共有

・メンバーが表彰される機会、提案できる機会を設定

・上司との面談による個人目標の設定と共有

・成功事例や失敗事例の共有

②個人の観点

個人の業務知識やスキルを高め、組織からの期待を上回る成果が出せるよう取り組むことが大切です。その結果として自分に自信を持ち、さらに高い成長課題を設定して主体的な行動をとることができます。

・個人の成長課題（業務スキル・対人スキルなど）の明確化
・課題解決のための具体的な行動計画の立案と実行
・成果に対する振り返りを行い、今後に向けた修正点を把握
・人事異動や OJT を活かした成長の実現
・Off-JT を活かした成長の実現
・成長機会（セミナー・イベント・資格取得など）への積極的な取り組み

③関係性の観点

個人と個人、組織と組織、個人と組織との間でのコミュニケーションの頻度、量、質の向上が情報共有を促進させ、より効率的な業務の実現に貢献するだけではなく、新しい発想などを生み出す契機となります。

・相手のためのアドバイスや指摘を行う
・受け止めたアドバイスや指摘を活用
・現状改善に向けての他部署への意見や提案
・現状改善に向けた部署間での協力やサポート
・職場の改善点、修正点に関する気付きの提案
・新たな取り組みに対する共同チャレンジ

（2）三位一体の活性化

このように、組織の活性化を実現するためには、組織の観点と個人の観点、そして関係性の観点から整理をすることができます。組織を活性化しようと経営者がいろいろな制度や仕組みを用意したとしても、組織を構成する一人ひとりに成長意欲や主体性が欠けている状態では活性化は見込めません。その反対に、個人が組織の方向性を理解して意欲的な行動を継続させることができたとしても、それを活かす制度や仕組みが組織に用意されていなくては、組織の活性化を実現させることはできません。さらに、組織と個人がそれぞれ活性化に向けた動きや準備をしたとしても、個人や組織において、相互の協働意識が低いために日常的なコミュニケーションが十分とれていないような状態では、組織の活性化を望むことは非常に困難な状態となります。

組織の活性化のために必要な要素といえる組織の方向性・個の自立・関係性の構築は、三位一体で必要不可欠な要素であるといえるのです。

企業と経営資源

1 一人ひとりが企業を支える当事者

Point

企業経営をする上で、非常に重要な要素として「ヒト」「モノ」「カネ」「情報」の四つを四大経営資源と呼びます。これらのすべてが有効活用されることによって、効率的な経営・強い組織・存続する企業の実現へと結び付きます。

（1）経営資源の核

　企業は、適正な利益を生み出しながら社会の発展と人々の生活向上に貢献するために存続するという目的を有しています。それを実現させるために、経営資源である**ヒト（人材）・モノ（設備）・カネ（資金）・情報（ナレッジ）**を経営戦略に沿って活用して、存在価値を高める努力をしています。

　また、最近では、経営資源に時間や企業風土などを含めて考えられることも増えてきました。変化の激しい現代社会において、限られた時間でスピーディーな対応をとることが強く求められていることや、人材育成やコンプライアンス（法令遵守）の面で企業の風土や文化が大きく影響しているためだと考えられています。

　これらの経営資源が、すべて重要であることは間違いのない事実ですが、その中でも特に核となる経営資源はいったい何でしょうか。「企業は人なり」という言葉が示すように、やはりヒト（人材）があらゆる経営資源の中で、重要な存在であるといえます。いかに素晴らしい設備や施設を所有していたり、豊富な資金を持っていても、それを動かして活用することができるのは、ヒト（人材）です。そして、さまざまな情報やデータを入手することができたとしても、それらを獲得し、分析し、活用していけるのも、やはりヒト（人材）だからです。同様に、時間を意識して計画を立案するのも、企業風土を形成するのも、やはり、組織を構成するヒト（人材）以外には考えられないのです。

　ヒト（人材）が正しい知識を身に付けた上で機械やPCなどの設備を使用

すれば、仕事の効率性や生産性を高めることに大きく貢献します。また、資金の適正配分や管理運用を的確に行うことで、その価値を高めることが可能となります。多様なデータを分析・加工して情報へと進化させ、社内で共有できるようにすることでナレッジやノウハウとして活用できるようになります。このように、複数存在する経営資源の中で、根幹であり、かつ核となっているものは、企業を構成する個々のヒト（人材）であるといえるのです。

(2) ヒト（人材）の影響力

　企業の存続にとって不可欠な経営資源と呼ばれるものの中で、唯一自ら変化することが可能なものは、ヒト（人材）です。

　一人ひとりの仕事に対する姿勢、成長意欲、責任感、行動力などは、企業を成長させるための大きな力であり、可能性です。企業が新卒採用や中途採用によって人材獲得に注力するのは、そのためだといっても過言ではありません。仕事に対する高い意欲と成長の可能性を感じることができる新卒入社の人材、一定の経験と知識やスキルを活用して、さらなる成長を目指す中途入社の人材を採用することにより、彼らが企業として持つ経営資源に好影響を与え、企業の成長に貢献する存在だと期待するからです。

　私たちは、組織の一員であるという自覚を持つことは大切ですが、自分たち自身が組織を作っているという意識を持つことも忘れてはいけません。かけがえのない経営資源でもあることを一人ひとりが認識して、企業経営、組織運営にとって好ましい影響力を発揮できる存在になることが大切です。モノ・カネ・情報・時間を有効活用することができ、自らの言動が企業風土を形成する一因であることも意識して、企業の存続を支える当事者とならなければなりません。

企業の社会的責任（CSR）

1 社会の一員として

Point 企業は、社会の一員として果たすべき多様な責任を持っています。利益の追求のみに注力せず、さまざまな領域における責任を果たすことよって、企業価値を高め、存続するにふさわしい存在として、社会から受け入れられることになります。

（1）果たすべき多様な責任

　「企業の社会的責任」（CSR = Corporate Social Responsibility）は、企業が社会の一員としての役割や責任を果たして、存続を可能にしていくための非常に重要な概念です。かつては、企業としての社会貢献という意味で理解され、文化支援活動（メセナ）や従業員のボランティア活動の支援などを意味する限定的なものとして受け止められた時期もありました。しかし現在では、より多様で企業の存続に直結する大きな意味を持つものとして、その重要性が認識されるようになりました。

　「企業の社会的責任」とは、企業がその活動を展開する上で関わるすべてのステークホルダー（利害関係者）に対して果たす責任であり、その責任を果たすことによって、企業イメージや企業価値を向上させ、社会の一員として認められるようになるための大変重要な責任です。ここでいうステークホルダーとは、消費者・ユーザー・取引先・行政機関・金融機関・地域社会・株主・従業員などを含めたもので、企業活動を行う際に接点を持つものすべてということですから、まさに社会そのものであるといえます。ステークホルダーそれぞれに対する責任の一部を整理してみることにします。

◆対消費者・対ユーザー

　製造販売した商品や製品、提供したサービスに欠陥がなく、安全性や衛生面で不利益や損害などの悪影響を与えないようにすることが求められます。結果的に欠陥が見つかった際には、速やかに回収や修理などの対応を

とり、場合によっては損害賠償責任を負うことも想定しておくことが必要です。

◆対取引先
安定的な商品やサービスの提供、継続的かつ安定的な取引関係の構築など、双方の立場からみて良好な関係性を維持発展させるための努力が必要です。

◆対行政機関
各種の法令を理解して、確実に社会のルールとして守ることができるよう社内意識の統一と向上を図ること、納税の義務を果たすことなどが必要です。

◆対金融機関
経営状況や経営計画などを明らかにして、投資資金の借り入れや返済の確実な実行を行い、資金面での協力関係が維持できるようにすることが必要です。

◆対地域社会
工場や設備の稼働などによる騒音、環境汚染、交通渋滞など地域の住民生活に悪影響を及ぼすことがないような配慮や対策の実施が必要です。

◆対株主
投資家、株主への安定的な配当による利益還元と、経営方針・経営戦略・経営状況・経営計画など企業経営に関する情報を正確かつタイムリーに公開することが必要です。

◆対従業員
安定的な雇用の確保、労働環境や労働条件の改善、各種ハラスメント対策など人権の尊重に関する努力も必要です。

（2）「企業の社会的責任」の課題
このように、企業が社会から信頼を得て存続していくためには、幅広い領域において社会的責任を果たしていくことが求められます。しかし、残念ながら企業の不祥事がニュース報道などでも頻繁に伝えられているのも事実で、まだまだ多くの問題や課題を社会としても抱えているのが現状です。不正行為や違法行為として指摘されたものを以下に例示します。

・採用や昇進昇格などでの性別による差別
・ハラスメントの横行など人間性の軽視
・過労死・残業代不払いなど人事管理体制の不備

・個人情報の社外流出

・粉飾決算による企業信頼度の偽装

・リコールの必要性を隠して、費用負担を回避

・偽装表示による食品の安全性低下と売り上げ向上

・所得隠しによる脱税

・談合による価格調整など公平性の軽視

・不法投棄による費用負担の回避と環境破壊

これらは、企業としての問題意識や危機意識が低い上に、自社都合の勝手な判断基準で組織経営を行っているような場合に起こりやすい事例です。このような問題が発覚すると、社会からの信頼感は一気に低下し、企業イメージ・企業ブランドは大きく傷付いて、企業の存続さえ危うい状態に陥る可能性があります。

一方で、経済環境の変化やグローバル化による多国間のルールの差異、地球的規模の課題となっている環境汚染の問題など、時代の変遷や地域性などの変動要素もあり、企業の社会的責任は複雑さを増し続けているのも現実です。例えば、景気の好転局面と悪化局面とでは、企業経営の戦略は当然異なってくるでしょう。また、国や地域によって経済・文化・価値観などが異なることは明らかです。国内であっても、都市部の住宅エリアに工場を建設するのと過疎化に悩む地域に工場を建設するのとでは、地域住民の受け止め方や雇用創出における効果に大きな開きが生じることは容易に予想できます。環境に関しても、深刻さを増す地球温暖化など、地域限定の公害問題としてだけではなく世界的視野が求められます。

（3）責任を果たすために

社会の一員として、存続するために必要不可欠な「企業の社会的責任」を、より多くの企業が果たせるようになるためには、**法令遵守（コンプライアンス）**の徹底と**情報開示（ディスクロージャー）**の推進、**説明責任（アカウンタビリティー）**の強化が3つの重要なポイントになります。

①法令遵守

法令や社会的なルールを確実に守ること。また企業倫理を守るということでもありますが、組織としてだけでなく、組織を構成する個人としても法令や社会のルールを守ることを意味します。従業員一人ひとりが、社会人として法令やルールを守り、その集合体である企業としても法令遵守がなさ

れている状態になることが望まれます。個人情報保護法・男女雇用機会均等法・労働基準法など、働く個人としても身近な法令は多くあります。

②情報開示

企業経営の実態、実情を株主や金融機関などに対して開示すること。現状分析や将来予測をする際に、貴重な判断材料となるデータであるため、事実をタイムリーに伝えていくことが求められます。組織内部のみで情報を持って、偏った判断などをしないようにするためにも有効です。

③説明責任

現状や経緯を事実に基づいて、明確に説明する責任のこと。ある決定や結果に関して、関係する対象者などに伝えることによって、今後に向けた対応などを検討する際の情報共有を行います。

社会の統一ルール・共通基準である法令を守り、必要な情報をオープンにして、納得できる説明をしていくというスタンスは、企業が社会の一員として認められ、信頼を得るために極めて重要です。同時に、私たち一人ひとりも同様の意識、スタンスを持って行動をすることが社会人として求められています。

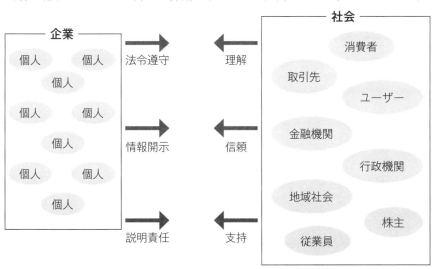

このように、「企業の社会的責任」は、社会から信頼される存在になることによって社会の一員としての活動を続け、長く存在していく上で欠かせないものですが、最近では**「共通価値の創造」（CSV）**[1]という概念も注目されています。企業の本業に注力することで、事業の成長を実現しながら貧困や雇用などの社会問題を解決するという考え方で、経済的な価値と社会的な価

値を両立させるということです。例えば、ある途上国の資源を安定的に確保する必要のある企業が、その国の道路整備や教育を支援して、資源を運びやすい条件と現地で働く労働者の確保を実現するとします。すると、その国の交通インフラは改善され、教育水準も向上するため国の発展につながることになります。

　日本では、高齢化社会が加速する中で介護スタッフの不足が深刻な問題となっています。介護施設を運営する組織などが、若者の雇用不足に悩む途上国で日本語や介護の教育をすれば、労働力の確保ができて安定した事業運営が可能になります。その国にとっても若者の雇用対策になりますし、雇用された人々は収入を得る機会を確保できます。近い将来このようなケースが増える可能性もあります。

　企業の社会的責任（CSR）も共通価値の創造（CSV）も、企業として社会に貢献する点が共通しています。社会の一員であるという自覚が、そこにはあります。

用語解説

※ **1 共通価値の創造（CSV）**…Creating Shared Value の略。企業の成長を通じて社会的な問題解決につなげようという考え方で、アメリカのハーバード大学教授で経営学者のマイケル・E・ポーターが提唱した。

「やる気・元気・本気」で周囲の人の心をつかむ!

◆仕事は人間と人間が触れ合う場

インターネットを介し、人と人がつながっていく社会はとても便利です。そこは自分の一部を切り出して電子的な加工を加え、相手に一定のイメージを想起させる場です。

一方、仕事の場は人間と人間が触れ合う場です。そこに身を置き報酬を得るということは、組織目的を効率よく実現していくことを期待されているということです。すなわち個人的な感情を超え、社内外の他者の心をつかんで意思疎通を円滑に保つ努力が必要とされるのです。

◆心をつかむ人間力は三つの気から

人の心をつかむ人間力は「やる気」「元気」「本気」の三つの気から成り立ちます。

・やる気…背筋、膝裏、手を伸ばすことで伝わります。

・元気…はっきりした話し方、適度な大きさの声で伝わります。

・本気…熱い眼差し、アイコンタクトをとることで伝わります。

心をつかむ人間力　三つの気

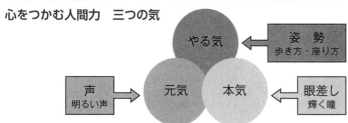

どんなに優れた構想や企画であっても、他者の共感を得られなければ実現しません。また仕事で立派な成果を挙げた場合でも、他者の共感を得られて初めて適切な評価につながっていきます。周囲の人々の心をつかみながら適切に協調していくことが組織目標の達成となり、ひいてはみなさんのキャリアの成長につながります。

社会の入り口に立っているみなさんに本書を通じてそのポイントを覚えていただき、より手応えのある社会生活を営んでいただければ幸いです。

CASE STUDY 2

事例紹介

①入社２年目のＡさんはチームに配属された新入社員の教育担当を任命された。「学生気分は抜けているのか」「何から教えればいいのか」と不安を感じる一方で、職場の上司や先輩は「できるだけ早く組織の一員として活躍してもらいたい」と期待をしている。新入社員の配属は職場にどのような影響を与えるだろうか。

②一方、別の部署で仕事をするＢさんは入社３年目にして、初めての人事異動で勤務地と担当業務の変更を伴う転勤をすることになった。初めての土地で、新しい業務をすることに緊張するＢさんだが、この人事異動を自己の成長へと、どのようにつなげていけることができるだろうか。

Best! な対応

組織を活性化させる新入社員

　まず、①のＡさんの事例から考えてみましょう。新入社員は組織を活性化させることはよく知られています。組織の活性化を実現させるための必要な条件でもある、「組織の方向性」「個の自立」「関係性の構築」を生み出す存在となるからです。

　新入社員を組織全体で指導して、早く戦力になってもらうことを共通目標に設定することで組織の方向性が明らかになります。研修や教育プログラム、育成計画などの支援・サポートを通じて、組織の方向性が明確になるのです。また、新入社員は個の自立も促します。早く役に立つ存在になりたいという思いは、ビジネスマナーや社会人として必要な知識、スキルを積極的に獲得する主体性の発揮につながります。結果として成長実感が得られ、ビジネスパーソンとしての自信を深化させることにもなるでしょう。さらに、新入社員は組織の関係性の構築にも寄与します。新入社員は上司、先輩、教育担当者などへ助言やサポートを求め、既存の社員もまた新入社員への指導や支援を行います。新入社員を起点にした関係性が生まれることになるのです。

　このように新入社員は、組織の活性化をもたらす上で大変貴重な存在であるといえます。決してＡさんひとりで新人を教育するわけではありません。周

囲と連携しながら、新人に一番近い先輩として前向きに接し、成長を促すことが期待されているのです。

人事異動は成長するための機会

②のBさんのケースはどうでしょうか。人事異動は、異動者を受け入れる側の組織にとって、新入社員を受け入れる時と同様に組織の活性化を促す要因でもありますが、異動者自身にとっても大変大きな成長の機会になります。

まず、異動先で"新たな業務"を担当することにより、新しく身に付ける知識・スキルが増加します。また、今までとは異なる視点や発想を持つことも可能となります。

新しい顧客や赴任先の上司・同僚などとの、"新たな関係"が生まれることも見逃せません。対人対応力やコミュニケーション力の強化を実現させることができるでしょう。

さらに、赴任先が海外であれば語学力の強化はもちろんのこと、国内外を問わず人事異動で赴任先の地域社会と接することも成長の契機となります。"新たな環境"が視野の拡大、ネットワークの拡充、独自の地域性や文化の理解につながります。

ビジネスパーソンにとって人事異動は、多くの新しい経験を通して、知識・スキル・能力の向上を図って、成長するためのチャンスだととらえることができます。

1 新入社員は「組織の方向性」「個の自立」「関係性の構築」を生み出す貴重な存在。職場全体で成長を導くことを意識しましょう。

2 新人の教育係に任命されるということは、それだけの力があると上司に見込まれているのです。不安もあるかもしれませんが、必要なときは先輩や上司に相談しながら、前向きに指導に当たりましょう。

3 人事異動は、新たな業務、新たな関係、新たな環境をもたらす、絶好の成長の機会といえます。

政治や経済に関連する基礎用語

1 社会常識の軸となる用語を理解する

Point 社会人として生活をする上で、自分たちを取り巻く環境の変化を理解することは欠かせません。政治・経済・法律・労働・企業活動など幅広い領域の基本的な用語を理解することは、社会常識の軸となります。

（1）基礎用語（政治経済分野）

　私たち国民をさまざまな課題から守り、健全でより安定した生活が送れるように、法律の整備などによって対策が講じられています。また、激動する世界経済の中で、景気の安定や経済の成長に向けた取り組みがされています。政治・法律・経済分野に関するキーワードをしっかり理解しておきましょう。

労働基準法	労働者の保護を目的として1947年に制定・施行された法律。賃金・労働時間・休日休暇など各種の労働条件における最低基準を定めている。
労働者派遣法	派遣労働者の雇用条件の整備や権利の確保を目的として1985年に成立したのち、派遣可能職種の拡大や派遣期間の上限を変更するなどの改正をして現在に至っている。派遣社員としての雇用後に正社員に登用することを前提とした紹介予定派遣も行われている。
会社法	社会情勢や経済環境の変化が激しい中、会社に関する制度の見直しが行われ、2005年に有限会社法や商法などを統合して成立した。これにより有限会社の設立は認められなくなり、株式会社に一本化された。最低資本金制度も廃止となり、会社設立の資本金は1円から可能となる。
個人情報保護法	民間企業や官公庁に対して、個人を特定できる情報の適切な取り扱いを義務付けることで、不特定の第三者へ個人情報が漏れて悪用されないようにするための法律。氏名・住所・電話番号などの取り扱いには細心の注意が必要となり、個人情報に関する意識が高まった。

男女雇用機会均等法	就労機会や賃金などの面で女性への差別解消を目的として、1985年に成立した法律。募集・採用・配属・昇進・教育訓練などあらゆる雇用管理に関して男女の差別を禁止するもの。政府は2020年までに女性管理職の割合を30%にする目標を掲げて状況改善に取り組んでいるが、2018年現在12%（2019.3.国際労働機関報告書）。
製造物責任法	製品の欠陥によって、消費者が生命・身体・財産に被害を受けた場合に製造者側がその損害を賠償する責任があることを定めたもの。加工されていない農産物や不動産は該当しない。通常PL（product liability）法といわれる。
独占禁止法	自由競争を通じて企業活動を活発にすることを目的に作られたもの。限られた有力企業や数社の事業者が、市場への新規参入を阻止するために独占をしたり大幅な値引きなどの不公正な取引をしないように公正取引委員会が監視する。違反者へは排除措置命令を出して対応する。
会社更生法	会社の経営状況が極めて厳しい状況に陥った場合においても、再建することができる可能性が残されていれば破産手続きをせずに、事業の更生を目的として事業を継続させるためのもの。経営陣は刷新され、管財人が経営にあたる。
行政指導	政策の目的を実現するために、各行政機関が指導・助言・勧告を行う行政手法のこと。それらを受ける側が、自発的に協力することを前提としており、大半が法的な拘束力を持たないため、あいまいな結果につながることが課題であると指摘されることもある。
独立行政法人	行政機関の効率化を推進する目的で導入されたもの。国や自治体の管理下にあった大学や病院、博物館や美術館、さらには研究機関などに法人格を持たせて、自主的に予算の使用や業務を行うようにした。
経済成長率	年間に国内で生産された商品やサービスの総額の変動を示すもので、通常は国内総生産（GDP）の増減率を基準として対前年との比較で見ている。さらに物価変動による影響を除いて算出されるものは、実質経済成長率という。
日本銀行	日本における中央銀行で、日本銀行券（紙幣）の発行を行っている。資金の供給量を調節することなどによって、タイムリーな金融政策を実施して、国内経済の安定と成長の実現に取り組む。政府資金を出納するため「政府の銀行」、民間の金融機関に貸し付けをするため「銀行の銀行」といわれる。
日銀短観	日本銀行が全国の企業向けに年間4回実施するアンケート調査で、全国企業短期経済観測調査の略称。景気や物価の現状と先行きを把握するために実施する。
日本経済団体連合会	2002年に経済団体連合会（経団連）と日本経営者団体連盟（日経連）が合併して設立された大手企業を中心とする経済団体。国内各地の商工会議所を会員としている日本商工会議所、国内の企業経営者の団体である経済同友会と並び経済三団体といわれる。

インフレーション	持続的に物価水準が上昇を続けていくこと。消費者物価指数などの上昇率などを指標としている。一般に好況下で発生する傾向にあるが、不況下で物価水準が上昇を継続することをスタグフレーションという。
デフレーション	持続的に物価水準が下降を続けていくこと。商品やサービスの総供給量に対し総需要が下回ったために起こる。
国債	歳入不足を補うために国が発行する、償還期限と利率を定めた証券のこと。金融商品の中でも、国が元本と利子の保証をしているため、安全性が高いと考えられる。国の財政の赤字を補うために発行される国債は赤字国債といわれる。
日経平均株価	東京証券取引所一部上場企業の中から225銘柄を選定して、アメリカのダウ・ジョーンズ社が開発した計算方式を用いて算出した株価指数のこと。この225銘柄は、産業構造の変化などを考慮して入れ替えがされることもある。
国内総生産	一般にGDP（Gross Domestic Product）という呼称で使用され、ある一国の国内において生み出された付加価値の総計のこと。国内の経済活動をみる指標として用いられることが多い。
セーフガード	関税率を上げたり、輸入量の制限を設けることによって輸入品が国内に入りにくい状態を作ること。急激に特定の商品が輸入されることにより、国内の生産者が被害を受ける可能性が高まるようなケースで国内生産者の保護を目的としてとられる手段である。
グローバルスタンダード	世界的な経済の自由化や国際化が加速する中で、各国共通のルールやシステムなど標準的な基準を作ることによって、よりスムースに多国間貿易などが実施できる環境を構築しようとする取り組みのこと。企業だけではなく、各国政府や行政機関でも世界的な共通基準を視野に入れた取り組みが必要不可欠である。
各国通貨	それぞれの国が通貨を流通させて経済を成り立たせているが、世界で最も流通しているものはアメリカのドルで、世界共通の通貨ともいえる。その他2002年に欧州連合（EU）が統一通貨として採用したユーロ、経済発展が著しい中国の元、その他インドのルピー、ロシアのルーブル、ブラジルのレアル、東南アジアではタイのバーツ、インドネシアのルピア、フィリピンのペソなどがある。
BRICS	経済成長が著しく、人口や国土など豊富な資源を持つ新興国として注目されている国々をBRICS（ブリックス）と呼ぶ。B（ブラジル）・R（ロシア）・I（インド）・C（中国）・S（南アフリカ）の5カ国を指したものであったが、2024年よりサウジアラビア、イラン、エチオピア、エジプト、アラブ首長国連邦が新たに加盟し、10カ国に拡大されている。
自然エネルギー	再生可能エネルギーといわれるものの別称。太陽光発電・風力発電などの他、地熱発電や波力発電など地球環境に配慮して、災害時に原子力発電などのような危険性が高くないものの実用化と普及が望まれている。

マイナンバー制度	社会保障や税に関する情報を一元的に管理することによって、適正な課税や社会保障の給付など公平性と透明性を高め、事務の効率化も促進する目的で導入される。国民の一人ひとりに固有の個人番号を、企業や官公庁には法人番号を割り当てて運用する。
中央省庁と主な特別機関・外局など	内閣府………宮内庁（特別機関）・金融庁（外局）・消費者庁（外局）・国家公安委員会（外局） 総務省………消防庁（外局） 法務省………検察庁（特別機関）・公安調査庁（外局） 外務省………在外公館（特別機関） 財務省………国税庁（外局） 文部科学省…文化庁（外局） 厚生労働省…中央労働委員会（外局） 農林水産省…林野庁（外局）・水産庁（外局） 経済産業省…資源エネルギー庁（外局）・特許庁（外局）・中小企業庁（外局） 国土交通省…気象庁（外局）・海上保安庁（外局）・観光庁（外局） 環境省………原子力規制委員会（外局） 防衛省………陸上自衛隊（特別機関）・海上自衛隊（特別機関）・航空自衛隊（特別機関） 復興庁 会計検査院

税金や社会保障制度に関連する基礎用語

1 公共経済にまつわる基礎用語を学ぶ

Point

私たちが支払う税金は国の財源となる重要な原資です。その税金について体系的に理解します。また、社会保障の柱である社会保険は、保険と年金を中心に成り立って、私たちに大きな安心を与えてくれています。

（1）基礎用語（税金分野）

　国家運営のための財源になる税金は、私たち国民や法人から広く徴収されています。国や地方自治体などが、さまざまな公共サービスを実施するためには、必要不可欠なものです。また、税金は景気調整機能の一面も持っており、好景気時に行う増税や景気減退期の減税によって、景気に対して直接的・間接的な影響を与えます。このように日常生活と非常に密接な関係を持っている税金について学んでいきます。

◆税金の納め方によって分類する

　直接税と**間接税**とに分けることができます。直接税は、納税者と納税義務のある者が一致しているもので、国や地方自治体へ直接納める税金です。所得税・法人税・相続税・贈与税などが該当します。

　間接税は、納税者が直接税金を納めるということはなく、納税義務のある事業者などを通じて納めるものです。消費税・酒税・たばこ税・石油税などがあります。

◆税金を納める先によって分類する

　国税と**地方税**とに分けることができます。国税には、所得税・法人税・相続税などがあり、地方税には不動産取得税・自動車税・固定資産税・都市計画税などがあります。地方税はさらに、道府県税（都を含む）と市町村税とに分けられます。

◆税金の使途によって分類する

　普通税と目的税とに分けることができます。税金の使い道が特定されていないものが普通税で、所得税や法人税、消費税が該当します。一方、税金の使い道が特定されている目的税には、自動車取得税や入湯税などがあります。

◆税金の課税ベースによって分類する

　所得課税と消費課税そして資産課税とに分けることができます。所得したことを対象に課税する所得課税には、所得税や法人税があります。また消費するものに対しては、消費課税として消費税・酒税・たばこ税などが徴収され、資産に対しての資産課税は、固定資産税・相続税・贈与税などが該当します。

　このように、日常生活のあらゆる場面で公共サービスの充実のために税金が徴収される仕組みができあがっています。社会人として納税の義務を果たすことは重要な役割であることを自覚して、生活していくことが求められます。

　一方で、税金の支払いに関しては、納税者の生活状況や家族構成などを考慮した多様な控除の制度も整備されています。基礎控除・配偶者控除・医療費控除・保険料控除（社会保険料・生命保険料・地震保険料）・住宅ローン控除などによって税額が低減される制度も存在しています。家族をもった場合や病気やケガによって治療費や入院代などが大きな負担となった場合、将来を考えて生命保険に加入した場合、さらには住宅を購入してローンの支払いが発生した場合など、生活のシーンに応じて税金が控除される仕組みが用意されています。税金に関する正しい知識を持ち、適正な支払いをすることが大切です。

（２）基礎用語（社会保障制度）

　社会保険制度は、社会保障の中でも中心的な役割を果たす制度です。厚生労働省が管理監督をする国としての社会保険事業です。複数の保険や年金制度などから成り立っており、社会人として生活をしていく際に直面する可能性のあるさまざまなリスクに対応しています。病気やケガをして治療が必要となった際の医療保険、失業してしまった際に適用を受ける雇用保険、老後の生活を支える公的年金など、保険加入者やその家族にとって安心を提供する仕組みであるといえます。

国民健康保険	保険加入者の居住地の市町村および東京23区が運営しているもので、自営業者などが加入する地域型の健康保険制度と、同一都道府県の同業種（医師・薬剤師・建設業など）で国民健康保険組合を作り運営しているものとがある。退職などによって会社で加入していた健康保険から抜けた人とその被扶養者には、退職者医療制度と任意継続被保険者制度があり、生活環境の変化に応じて選択できる仕組みになっている。
健康保険	民間企業に勤める労働者とその被扶養者が加入する医療保険制度。全国健康保険組合（協会けんぽ）の健康保険と組合健康保険の二つがある。全国健康保険組合のものは、健康保険組合を持たない中小企業の労働者とその被扶養者が加入するもので、組合健康保険は、大手企業の労働者とその被扶養者が加入する。病気やケガによる医療費が発生した場合の一般的な自己負担額は3割で、保険料は会社と本人が折半して支払う。
共済組合	国家公務員・地方公務員・私立学校教職員とその被扶養者を対象とした公的社会保険を共済組合という。健康保険と年金保険の運営を共済組合で行っている。国家公務員共済組合・地方公務員共済組合・私立学校教職員共済組合・農林漁業団体職員共済組合の四つから成っている。
船員保険	船舶所有者に雇用されている船員およびその被扶養者を対象にした保険で、病気や負傷、失業や死亡に対して保険給付を行う。
国民年金保険	日本国内に居住している20歳以上60歳未満の人はすべて加入が義務付けられているもの。加入者が老齢や障害、死亡することによって損なわれる生活の安定を国民が共同して維持・向上させることを目的としている。国民年金の加入者（被保険者）は3種類に分類されている。 ・第1号被保険者：日本国内に居住している20歳から60歳未満の自営業者、農業・漁業従事者、学生など ・第2号被保険者：厚生年金保険の加入者（被保険者）と共済組合の組合員 ・第3号被保険者：第2号被保険者の被扶養配偶者で20歳以上60歳未満の人
厚生年金保険	民間企業などに勤務する加入者の老齢や障害、死亡によって、損なわれる加入者およびその被扶養者の生活安定と福祉の向上を目的とした社会保険制度。強制加入である国民年金保険を基礎年金として、そこに上乗せした形式の社会保険。加入期間に応じて年金の支給が受けられる。
雇用保険 （失業保険）	労働者が失業などによって収入を得られない状態に陥った場合に、再就職までの生活維持のために失業給付金が支給される。公共職業安定所（ハローワーク）において休職の登録申し込みを実施して、失業認定を受けることが条件。再就職活動期間には積極的な求職活動を行いながら、職業訓練などを受ける機会も得ることができる。

労働者災害補償保険 （労災保険）	業務上のケガや通勤途中の事故や災害により負傷をしたり、そのことが原因での病気の発病や死亡にまで至った場合に、加入者および家族の生活安定のために保険の給付を行うもので、保険料は全額雇用側が負担する。
介護保険制度	介護を必要とする高齢者などが介護施設や在宅でケアを受ける際に発生する費用に対して、一定の給付金を支給することで経済的負担を軽減させる制度。40歳以上の人には、保険料納付義務がある強制保険。
公的扶助	国が生活困窮者に対して最低生活レベルを保証する制度で、日本では生活保護として機能している。財源は税金で、最後のセーフティーネット※1とも言われている。

　このように日本の社会保険制度は、国民の生活安定のために各種保険と年金を中心として機能しています。国の社会保険制度以外にも、個人の生活環境や経済状況に応じて民間の生命保険や損害保険に加入するケースも非常に多く、病気・ケガ・入院・死亡・事故・地震・災害など幅広いリスクに備えて生活の安定を確保しようという意識は大変高いといえます。

　国民皆保険、国民皆年金という言葉があるように、国民全員が医療保険と年金保険に加入していることを前提に社会保険制度の充実を図ってきました。しかし課題も多く抱えているのが現状で、若い世代の年金加入率が低下しており、将来の年金支給に関して不安視する声も聞かれます。非正規労働者の増加に伴って、保険や年金への未加入者、未納者が増加しているのも事実です。また、高齢者の増加に伴って介護施設、介護事業従事者の不足も大きな課題となっています。私たち一人ひとりには、社会人としての自覚をしっかりと持って、それぞれの責任を果たしていくことで、これらの多くの難問に立ち向かっていく覚悟が求められています。

用語解説

※1 **セーフティーネット**…万が一、高所から落下した場合に備えて、下に張っておく安全網のように、市場から脱落しそうな弱者を救済する機能や仕組みのこと。

労働環境・経営意識に関連する基礎用語

1 ビジネス領域の基礎用語

Point 社会の一員である企業は、経営の効率化を図りながら適正な利益を確保して存続する使命と、商品やサービスの提供を通して社会貢献をする使命を持っています。企業を構成する各部署、そこに属している一人ひとりが理解しておくべき、労働環境や経営に関する基本的知識を学びます。

（1）基礎用語（労働環境関連分野）

　社会人そして職業を持つ労働者を取り巻く環境は、時代と共にめまぐるしく変化をしています。さまざまな問題や課題、それらに対応する諸制度などについての知識を付けておきましょう。

日本的雇用制度	日本の雇用制度における特徴は、終身雇用制度・年功序列型賃金・労働組合の三つだが、雇用形態の多様化や転職率の上昇、成果主義の導入など評価制度の変化、労働組合参加率の低下によって、崩れているといわれて久しい。
定年退職制度	一定の年齢で本人の就業意思に関わらず、退職となることを定めた制度。大半の企業が 60 歳を定年退職と定めていたが、厚生年金の支給開始年齢が 65 歳に引き上げられることに対応して、定年の延長や定年後の再雇用などによる 65 歳までの継続雇用が雇い主に義務付けられた。
春闘	労働組合が、毎年春に賃金のアップなどの要求を経営側に出し、労働者の収入の増加や生活水準の向上を図るために交渉すること。
労働力人口	15 歳以上の人口のうち、就業者と完全失業者を合わせた人口のことで、学生や働く意思・能力を持たない人口は除く。
完全失業率	労働力人口に占める完全失業者の比率のこと。景気の変化による影響を強く受ける数値で、景気変動よりも遅れて動く数値となる。
正規雇用者	労働者として直接雇用され、雇用期間に定めがなく、労働時間がフルタイムである雇用形態の労働者のこと。

非正規雇用者	有期契約雇用で、勤務時間も契約に基づいて決められる契約社員・パートタイマー・派遣労働者などのこと。
ワーキングプア	生活保護水準を下回るような収入で働いている状況のことで、フリーターなどといわれる若者が、不安定な生活環境下に置かれていることが社会問題化している。
ブラック企業	残業代が支払われない、各種のハラスメントが横行している、長時間労働が常態化しているなど劣悪な労働条件のため、過労や心身障害による健康障害、退職者を多く生み出すような企業のこと。
求職者支援制度	雇用保険（失業保険）の受給や生活保護が適用されていない場合でも、無料で職業訓練を受講しながら所得補償を受けて早期の就職を目指すための制度。
最低賃金制度	労使の合意の有無に関わらず、都道府県ごとに賃金水準の下限を最低賃金として定めている制度。
有効求人倍率	公共職業安定所（ハローワーク）への有効求人者数の有効求職者数に対する割合のこと。
持ち株会社	親会社としてグループを統括するために、子会社の株式を保有する会社のこと。傘下のグループ企業を統制して、グループ全体の司令塔の役割を果たすものでホールディングカンパニーとも呼ばれる。
ワークシェアリング	雇用の維持・創出を図るために、仕事を複数の人員で分かち合うこと。労働者にとっては、勤務日数の低減や収入の減少につながるが、失業率の改善には貢献できる効果がある。
労働者派遣	派遣元企業が常時雇用している労働者を派遣先企業へ派遣する常用型派遣と、派遣元への登録者を派遣先企業のニーズに応じて派遣する登録型派遣とがある。

（２）基礎用語（経営意識関連分野）

　企業を安定的、継続的に成長させていくために、企業は社会的責任を果たしながら組織として、社会の一員としてあるべき姿の実現を目指しています。そのために必要なスタンスを社内に徹底させつつ、効率性の改善や人材育成、従業員満足度の向上にも取り組んでいます。それらのポイントとなる基本的な用語を理解しておきましょう。

企業の 社会的責任 （CSR）	利益の追求にのみ走ることなく、社会の一員であるという自覚と責任を持って、社会からの期待や要求に応えていくこと。（Corporate Social Responsibility の略）
コンプライアンス	企業として、また従業員としても、厳密に法律や規則を守ることで、法令遵守といわれるもの。社会的信用の失墜や企業イメージのダウンにも直結するため企業倫理を重視して、担当部署や委員会を社内に設けるケースも増加している。
アカウンタ ビリティー	企業の説明責任・説明義務のこと。株主に対して、経営計画や経営課題を明確に説明する責任や義務の他、社会や消費者に対して、自社商品・サービスを説明する責任や義務がある。
ステーク ホルダー	企業にとっての利害関係者すべてを指す言葉。株主・顧客・地域住民・金融機関・官公庁・従業員など企業活動に関わるすべてが含まれる。
アウト ソーシング	社内の業務を外部の専門家に委託することによって、経営の効率を上げること。事業の選択と集中を進めることによって、経営資源の有効活用を図る。
ナレッジ・ マネジメント	社内の人材が所有しているものの言語化することが困難な、経験やノウハウなどの「暗黙知」を整理・統合させることで、データベースとしていつでも活用できるように「形式知」にすること。業務効率を上げ、生産性の向上にもつながる。
リストラクチャ リング	事業を再構築することにより、収益性の向上や成長性を加速させること。成長分野への集中や不採算部門の縮小や撤退といった経営手法。事業撤退に伴う人員整理や解雇というマイナスイメージのみが先行している。
キャッシュ フロー	企業活動における現金の流れのことで、営業活動・資金調達・返済などによって発生するもの。
顧客満足度 （CS）	顧客からの評価を数値化して、商品や企業に対する満足度を把握する指標。（Customer Satisfaction の略）
ビッグデータ	大量のデータを意味する言葉。インターネットやデジタル機器の普及でさまざまな分野の莫大なデータが蓄積されているが、それらを解析して市場の動向予測や個人の消費行動の把握などに活用可能なもの。

ダイバーシティ	多様性を示す言葉。さまざまな違いを尊重して受け入れ、社会やビジネス上の変化にも柔軟に対応していくことの重要性が注目されている。性別や国籍、年齢といった属性だけではなく、価値観や生い立ちなど表面化しにくい違いも認め、受け入れることが重要である。
ワーク・ライフ・バランス	人々の価値観や生き方が多様化している中で、仕事と生活の両立を図るために働き方にも多様性を持たせることが重要となってきている。経営側・労働者双方の意識改革も望まれている。
コーチング	企業で働く人たちが必要とする知識やスキルを高めることで、人材育成や組織の活性化を図るため、スポーツトレーニングの指導法を活用して行われる。コミュニケーション手法を重視したもので、質問を中心とする投げかけによって本人が自ら課題に気付き、認識していくことを重視。
リスクマネジメント	企業活動において発生する可能性があるさまざまなリスクを日常的に想定して、準備や対策を立てることにより損失を極力減らせるよう取り組む危機管理のこと。
公開買い付け（TOB）	不特定多数の株主から経営権の取得や買収、合併などの際に株式を買い集めること。買い付け価格や買い付け期間の他、目的などを公開して実施していく。（Take-Over Bid の略）
マネジメント・バイアウト（MBO）	経営陣が自社の株式を買い取ること。株式を非公開として上場を廃止し、他社からの買収などを防ぐ際などに行われる。（Management Buy-Out の略）
目標管理制度（MBO）	評価者である上司と部下の間で、目標に関する話し合いを行い、合意した上で目標の達成度に応じて評価を決定すること。成果主義を導入する企業が増加したため、この制度を活用する組織も多い。（Management By Objectives の略）
PDCA サイクル	生産管理や品質管理などの業務を計画的かつ円滑に進めていくためのマネジメントサイクル。計画（Plan）・実行（Do）・評価（Check）・改善（Action）の順で継続的に業務を進めることによって、仕事の効率化が促進される。

ビジネスの基礎は日本語

1 漢字の「読み」「書き」

Point ビジネスをする上で企画書や報告書の作成、取引先とのメールや文書の送受信には、日本語を的確に使用できることが大切です。相手との意思疎通を円滑にするだけではなく、ニュースなどの情報を正しく理解するためにも必要不可欠のものです。社会生活で一般的によく使用される漢字は、常用漢字として定められています。

（1）社会人の基礎としての漢字

曖昧（アイマイ）	斡旋（アッセン）	安否（アンピ）	田舎（イナカ）
委嘱（イショク）	海原（ウナバラ）	会釈（エシャク）	閲覧（エツラン）
会得（エトク）	円滑（エンカツ）	横柄（オウヘイ）	叔父（オジ）
叔母（オバ）	思惑（オモワク）	該当（ガイトウ）	界隈（カイワイ）
覚悟（カクゴ）	過酷（カコク）	呵責（カシャク）	風邪（カゼ）
含蓄（ガンチク）	緩和（カンワ）	機嫌（キゲン）	希薄（キハク）
生粋（キッスイ）	寄付（キフ）	窮地（キュウチ）	去就（キョシュウ）
均衡（キンコウ）	琴線（キンセン）	苦渋（クジュウ）	工面（クメン）
玄人（クロウト）	迎合（ゲイゴウ）	懸念（ケネン）	嫌悪（ケンオ）
倹約（ケンヤク）	顕著（ケンチョ）	控除（コウジョ）	拘束（コウソク）
更迭（コウテツ）	購読（コウドク）	恒例（コウレイ）	酷似（コクジ）
細工（サイク）	些細（ササイ）	刷新（サッシン）	傘下（サンカ）
暫時（ザンジ）	斬新（ザンシン）	暫定（ザンテイ）	時雨（シグレ）
支度（シタク）	疾病（シッペイ）	老舗（シニセ）	渋滞（ジュウタイ）
遵守（ジュンシュ）	生涯（ショウガイ）	尚早（ショウソウ）	素人（シロウト）
迅速（ジンソク）	甚大（ジンダイ）	進捗（シンチョク）	遂行（スイコウ）
出納（スイトウ）	杜撰（ズサン）	逝去（セイキョ）	脆弱（ゼイジャク）

是正（ゼセイ）	折衷（セッチュウ）	繊細（センサイ）	相殺（ソウサイ）
疎外（ソガイ）	措置（ソチ）	多岐（タキ）	妥協（ダキョウ）
逐次（チクジ）	定款（テイカン）	体裁（テイサイ）	添付（テンプ）
統率（トウソツ）	唐突（トウトツ）	匿名（トクメイ）	名残（ナゴリ）
捺印（ナツイン）	納得（ナットク）	如実（ニョジツ）	捏造（ネツゾウ）
把握（ハアク）	破綻（ハタン）	派閥（ハバツ）	頒布（ハンプ）
凡例（ハンレイ）	批准（ヒジュン）	罷免（ヒメン）	日和（ヒヨリ）
頻繁（ヒンパン）	吹聴（フイチョウ）	払拭（フッショク）	赴任（フニン）
扶養（フヨウ）	憤慨（フンガイ）	併用（ヘイヨウ）	便宜（ベンギ）
偏見（ヘンケン）	反故（ホゴ）	発端（ホッタン）	無駄（ムダ）
面子（メンツ）	面倒（メンドウ）	網羅（モウラ）	遊説（ユウゼイ）
愉快（ユカイ）	行方（ユクエ）	癒着（ユチャク）	流布（ルフ）
累計（ルイケイ）	零細（レイサイ）	劣悪（レツアク）	漏洩（ロウエイ）

（2）類義語と対義語

＜類義語＞ 言葉自体は異なりますが、ほぼ同じ意味とみなされて使用されます。

・互角―同等	・重宝―便利	・寄与―貢献	・模範―手本	・利害―損得
・力量―手腕	・永久―久遠	・親友―知己	・生涯―終生	・意外―案外
・時勢―潮流	・実行―実践	・真実―真相	・感心―敬服	・付近―近辺
・故人―死者	・制限―制約	・達成―成就	・寛大―寛容	・著名―有名
・終始―年中	・談判―交渉	・端緒―糸口	・魅了―悩殺	・忍耐―我慢
・変遷―推移	・誠意―真心	・特質―属性	・骨子―要点	・落胆―失望
・高慢―尊大	・総体―全体	・不意―突然	・傑出―卓越	・没頭―専念
・逝去―永眠	・気概―意欲	・屈服―降伏	・欠乏―不足	・堅実―着実
・快活―活発	・遺品―形見	・介入―関与	・委細―詳細	・専心―没頭
・倫理―道徳	・薄情―冷淡	・遺憾―残念	・負債―借金	・納得―了解

＜対義語＞お互いに反対の意味を持つ言葉で、反対語、反意語ともいわれます。

・自然―人工	・必然―偶然	・支援―妨害	・楽観―悲観	・分裂―統一
・欠乏―豊富	・臨時―通常	・延長―短縮	・抑制―促進	・細心―大胆
・可決―否決	・一般―特殊	・粗悪―優良	・温暖―寒冷	・故意―過失
・隆起―陥没	・概算―精算	・開放―閉鎖	・精密―粗雑	・慎重―軽率
・帰納―演繹	・平凡―非凡	・不況―好況	・放任―干渉	・歓喜―悲哀
・需要―供給	・軽視―重視	・苦痛―安楽	・凡人―偉人	・絶対―相対
・否定―肯定	・収入―支出	・寡黙―多弁	・完備―不備	・整然―雑然
・追加―削減	・優遇―冷遇	・濃厚―希薄	・増進―減退	・自由―束縛
・独立―依存	・古豪―新鋭	・細目―大綱	・師匠―弟子	・堕落―更生
・委細―概略	・栄転―左遷	・加害―被害	・強固―軟弱	・支配―従属

（3）同音異義語と同訓異字語

＜同音異義語＞発音は同じですが、異なる意味を持つ言葉です。

製造の工程 意見を肯定する	すべてを統合する すぐに意気投合する	契約を更改する 一般に公開する	内容を改訂する 価格を改定する
演劇を鑑賞する 庭園を観賞する	異議を申し出る 仕事の意義を探す	責任を追及する 利益を追求する	対象となる年齢 形が左右対称
行動を制約する 誓約書にサインする	品質を表示する 案内板で標示する	創造性が高い 想像上の生物	場所を移動する 人事異動をする

＜同訓異字語＞異なる漢字ですが、同じ訓を持つ言葉です。

領土を侵す 危険を冒す	成功を収める 税金を納める	任務に就く 利子が付く	例を挙げる 油で揚げる
機転が利く 薬が効く	病気を治す 故障を直す	声を震わす 勇気を奮う	本番に備える 仏壇に供える
家でペットを飼う 新商品を買う	業績が伸びる 寿命が延びる	人材を採る 写真を撮る	道具を使う 気を遣う

日本語の意思伝達　2級

四字熟語とことわざ・慣用句

1 社会人の共通用語

Point ビジネスシーンに限らず、日常生活全般で頻度高く用いられるものに四字熟語やことわざ・慣用句があります。自分の意思を的確に伝えるためだけではなく、相手の意向や意識を把握するうえで大変重要なキーワードです。幅広い世代といろいろな場面でコミュニケーションをする社会人にとって、適切な使用と正確な理解が不可欠です。

（1）四字熟語

- **悪戦苦闘（あくせんくとう）**：困難な状況下でも、苦しみながら必死に努力すること
- **暗中模索（あんちゅうもさく）**：手掛かりのない中で、手を尽くしていろいろ考え探し求めること
- **意気消沈（いきしょうちん）**：気力や元気を失って、落ち込んでしまうこと
- **意気投合（いきとうごう）**：お互いの気持ちが通じ合い、波長がうまく合うこと
- **異口同音（いくどうおん）**：いろいろ多くの人が、同じことを口をそろえて言うこと
- **以心伝心（いしんでんしん）**：言葉を交わさなくても、考えや気持ちが通じ合うこと
- **一期一会（いちごいちえ）**：一生のうちに出会う機会は一度だけという気持ちで人に接すること
- **一念発起（いちねんほっき）**：今までの考え方や行動を改めて目標を成し遂げようと決意すること
- **一目瞭然（いちもくりょうぜん）**：一目見ただけで、物事全体の様子がわかること
- **一喜一憂（いっきいちゆう）**：状況が変化するたびに、喜んだり不安になったりすること
- **一触即発（いっしょくそくはつ）**：何か少しのきっかけで、危険な状態になりそうなこと
- **一心不乱（いっしんふらん）**：物事に集中して、他のことによって心が乱れないこと
- **一日千秋（いちじつせんしゅう）**：非常に長く感じられ、待ち遠しく思うこと
- **一刀両断（いっとうりょうだん）**：ためらいや迷いを捨てて、思い切って物事を決断すること
- **意味深長（いみしんちょう）**：表面上だけの意味だけではなく、深い意味が含まれていること
- **因果応報（いんがおうほう）**：悪い行いをすれば、後で必ずその報いを受けること
- **紆余曲折（うよきょくせつ）**：物事の事情が複雑に込み入って、変化すること
- **温故知新（おんこちしん）**：古い過去のことからもよく学び、新しい考えや価値を見出すこと
- **我田引水（がでんいんすい）**：自分だけの都合を考えて物事を進め、周囲に配慮しないこと

- **感慨無量**（かんがいむりょう）： 言葉では言い尽くせないほど、深く感じ入ること
- **危機一髪**（ききいっぱつ）： 非常に危険な状況に陥りそうな瀬戸際のこと
- **起死回生**（きしかいせい）： 絶望的な状態から、立ち直らせること
- **起承転結**（きしょうてんけつ）： 文章や物事の組み立てや構成のこと
- **疑心暗鬼**（ぎしんあんき）： 疑いの気持ちを持っていると、些細なことに不安を感じること
- **奇想天外**（きそうてんがい）： 通常は思いつかないような奇抜な発想や考えのこと
- **旧態依然**（きゅうたいいぜん）： 昔のままで、進歩や改善をしていないこと
- **急転直下**（きゅうてんちょっか）： 事態や情勢が急に変化して、解決に向かうこと
- **共存共栄**（きょうぞんきょうえい）： お互いに助け合って、共に栄えていくこと
- **空前絶後**（くうぜんぜつご）： これまでに一度もなく、これからもありそうもない珍しいこと
- **群雄割拠**（ぐんゆうかっきょ）： 複数の実力者たちが対抗して、競い合うこと
- **綱紀粛正**（こうきしゅくせい）： 乱れた規律を正すこと
- **公明正大**（こうめいせいだい）： 公平・公正に物事を行うこと
- **呉越同舟**（ごえつどうしゅう）： 敵と味方が同一の困難に対して、協力をすること
- **孤軍奮闘**（こぐんふんとう）： 支援者がいない中で、一人で懸命に努力すること
- **孤立無援**（こりつむえん）： 周囲に頼る者がおらず、助けもないこと
- **五里霧中**（ごりむちゅう）： 手掛かりがなく、方向性を打ち出せない状態のこと
- **言語道断**（ごんごどうだん）： あまりにひどすぎて、話にならないこと
- **渾然一体**（こんぜんいったい）： 異質なものが溶け合い、見分けがつかない状態のこと
- **自画自賛**（じがじさん）： 自分で自分のことをほめること
- **時期尚早**（じきしょうそう）： あることに着手するには、時期がまだ早く機が熟していないこと
- **自給自足**（じきゅうじそく）： 必要なものをすべて自分で作ってまかなうこと
- **試行錯誤**（しこうさくご）： 何度も失敗を重ねながら、解決策を見つけ出していくこと
- **自業自得**（じごうじとく）： 自分が行ったことの報いを、自分が受けること
- **自然淘汰**（しぜんとうた）： 環境変化に適応したものが生き残り、それ以外は滅びるということ
- **時代錯誤**（じだいさくご）： 時代の変化を考慮せずに、昔のままを踏襲しようとすること
- **四面楚歌**（しめんそか）： 周囲を敵に囲まれて、支援や助けを望めない状況のこと
- **杓子定規**（しゃくしじょうぎ）： 決まりきった考え方や基準にこだわって、融通が利かないこと
- **縦横無尽**（じゅうおうむじん）： 自由自在に物事を行うこと
- **取捨選択**（しゅしゃせんたく）： しっかりと見極めて、必要なものや大切なものを選んで取ること
- **順風満帆**（じゅんぷうまんぱん）： 物事がすべて順調に進んで、はかどっていること
- **枝葉末節**（しようまっせつ）： 本質からはずれている些細なこと
- **支離滅裂**（しりめつれつ）： 理論がまとまっておらず、筋道が立っていないこと

・心機一転（しんきいってん）：	何かをきっかけとして、良い方向に気持ちを切り替えていくこと
・神出鬼没（しんしゅつきぼつ）：	素早く自由自在に現れたり隠れたりすること
・針小棒大（しんしょうぼうだい）：	些細なことを大げさに言うこと
・新陳代謝（しんちんたいしゃ）：	必要なものを取り入れ、不要なものは出すこと
・切磋琢磨（せっさたくま）：	仲間同士で競い合い、励まし合ってお互いに成長、向上すること
・千載一遇（せんざいいちぐう）：	もう二度とやってこないような絶好の機会のこと
・前代未聞（ぜんだいみもん）：	今までに見たことも聞いたこともないような珍しいこと
・前途多難（ぜんとたなん）：	多くの困難や障害が、将来に予想されること
・率先垂範（そっせんすいはん）：	人の先に立って、模範となる行動をすること
・大器晩成（たいきばんせい）：	大成するためには、時間がかかること
・大義名分（たいぎめいぶん）：	ある行動の基準となる道理や理由のこと
・大所高所（たいしょこうしょ）：	視野を広く持ち、大局的に物事を見ること
・大同小異（だいどうしょうい）：	細かな点には差異があるが、大きな差がなく似かよっていること
・単刀直入（たんとうちょくにゅう）：	前置きがなく、いきなり本題に入ること
・朝令暮改（ちょうれいぼかい）：	命令や指示が頻繁に変更、修正されること
・沈思黙考（ちんしもっこう）：	静かに、じっくりと考えること
・適材適所（てきざいてきしょ）：	人材の能力に応じて、最も適した地位や職務に配置すること
・天真爛漫（てんしんらんまん）：	飾り気がなく、素直で明るく、自然で無邪気なこと
・天変地異（てんぺんちい）：	自然界で起こる災害や珍しい現象のこと
・東奔西走（とうほんせいそう）：	あちらこちらへと、忙しく走り回ること
・独断専行（どくだんせんこう）：	自分ひとりの判断で、勝手に行動をすること
・独立独歩（どくりつどっぽ）：	他人と助けを受けずに、自分の力だけで信じた道を行くこと
・二者択一（にしゃたくいつ）：	二つのうちのどちらか一方を選ぶこと
・日進月歩（にっしんげっぽ）：	物事が日々進歩すること
・破顔一笑（はがんいっしょう）：	顔をほころばせて、笑みを浮かべること
・薄利多売（はくりたばい）：	個々の利益は少なくして、大量に売ることで利益をあげること
・馬耳東風（ばじとうふう）：	周囲の意見や忠告を聞き流して、受け止めないこと
・半信半疑（はんしんはんぎ）：	信じる気持ちと疑う気持ちが半々で、迷っていること
・美辞麗句（びじれいく）：	きれいに飾り立てているが、内容や誠意がない言葉のこと
・表裏一体（ひょうりいったい）：	二つのものが、切り離せないほど密接なこと
・品行方正（ひんこうほうせい）：	心のあり方や行動が正しくて立派なこと
・風光明媚（ふうこうめいび）：	自然の景色が大変美しいこと
・不可抗力（ふかこうりょく）：	人間の力ではどうすることもできない力や事態のこと

第1編　社会常識

- **不言実行**（ふげんじっこう）：やるべきことを黙って実行すること
- **付和雷同**（ふわらいどう）：自分の考えが明確ではなく、安易に他人の言動に同調すること
- **平穏無事**（へいおんぶじ）：特に変わったこともなく、穏やかな様子のこと
- **本末転倒**（ほんまつてんとう）：大切な根幹と、そうではないことの優先順位を取り違えること
- **優柔不断**（ゆうじゅうふだん）：決断すべき時に、ぐずぐずしていてなかなか決めることができないこと

（2）ことわざ・慣用句

- **虻蜂取らず**（あぶはち）：欲を出した結果、両方ともうまくいかないこと
- **石橋を叩いて渡る**：慎重に準備して、確実で安全な行動をすること
- **魚心あれば水心**（うおごころ）：対応の仕方を相手の出方によって、変える用意があること
- **帯に短し、たすきに長し**：中途半端で使い勝手がよくないこと
- **お茶を濁す**：その場しのぎの対応をしてごまかすこと
- **河童の川流れ**：名人、専門家でも油断をすると失敗すること
- **枯れ木も山の賑わい**：重要ではないものでも、無いよりはましであること
- **木を見て森を見ず**：細部にこだわって、全体像が見えていないこと
- **怪我の功名**：失敗がきっかけとなって、良い方向に転じること
- **逆鱗に触れる**（げきりん）：目上の人、地位の高い人をひどく怒らせること
- **光陰矢の如し**（ごと）：時間、年月が経過するのは非常に早いこと
- **郷に入っては郷に従え**：新しい土地や組織に移ったらそこのやり方に従うこと
- **五十歩百歩**：どちらも大きな差はなく、似たりよったりであること
- **先んずれば人を制す**：相手より先に着手すれば、有利になり勝てるということ
- **匙を投げる**（さじ）：手の打ちようがないと、あきらめること
- **猿も木から落ちる**：優れた専門家でさえも、失敗することはあるということ
- **鎬を削る**（しのぎ）：激しく競い合うこと
- **朱に交われば赤くなる**：人は付き合う人や環境に大きく影響されるということ
- **食指が動く**（しょくし）：欲求が湧き出したり、行動したくなること
- **白羽の矢が立つ**：大勢の中から選抜されて、指名されること
- **背に腹は代えられぬ**：大事なことのためには若干の犠牲は仕方ないということ
- **損して得取れ**：一時的に損をしても、将来のより大きな利益を優先させること
- **立つ鳥跡を濁さず**：後始末をしっかりとすることは、重要であるということ
- **立て板に水**：流暢に話をする、弁舌によどみがないこと
- **蓼食う虫も好き好き**（たで）：人はそれぞれに好みが異なっていること
- **棚から牡丹餅**（ぼたもち）：思いがけない幸運が舞い込んで来ること
- **断腸の思い**：これ以上ないほどの大変つらい思いのこと

・**鶴の一声**：議論がまとまらない時などに発せられる，決定権者による一言
・**手塩に掛ける**：大切に世話をして育てること
・**出る杭は打たれる**：目立ってしまったために周囲から反発を受けてしまうこと
・**捕らぬ狸の皮算用**：まだ手に入れていないものをあてにして計画を立てること
・**背水の陣**：後がないという決死の覚悟で物事にあたること
・**有終の美を飾る**：最後までやり遂げて、良い結果を残すこと

日常生活に浸透するカタカナ用語

1 日本語化するカタカナ用語

Point 私たちの生活を取り巻く社会全体の国際化・情報化が急激に進んで、ビジネス場面のみならず、日常生活においてもカタカナ用語の使用は飛躍的に増加しています。あらゆるシーンで用いられる頻度が非常に高いカタカナ用語を理解しておくことは、相手や状況を理解することにもつながります。

（1）カタカナ用語

・アイテム	項目、品目、記事	・アイデンティティ	存在証明
・アイロニー	皮肉	・アウトサイダー	部外者
・アウトソーシング	外部への業務委託	・アウトプット	出力
・アグリーメント	合意、一致	・アグレッシブ	攻撃的、積極的
・アシスト	援助、助力	・アセスメント	評価、査定
・アトラクション	余興、呼び物	・アトラクティブ	魅力的
・アドバンテージ	利点、強み、有利	・アトランダム	無作為、任意
・アナリスト	分析家	・アニバーサリー	記念日
・アポイントメント	予約、約束	・アメニティー	快適性
・アレンジ	調整、整備	・アワード	賞
・イデオロギー	考え方、観念論	・イニシアチブ	主導権
・イニシャルコスト	初期投資費用	・イノベーション	技術革新
・イルミネーション	照明	・イレギュラー	不規則、変則的
・インストラクション	指示、命令	・インストラクター	指導者、講師
・インターフェイス	接点、仲介装置	・インフォーマル	非公式、略式
・インフラ	社会基盤	・インベストメント	投資、出資
・ウィークポイント	弱点、欠点	・ウエット	湿った
・エージェンシー	代理人、仲介業者	・エキシビション	展示会、公開
・エキスパート	専門家、熟練者	・エキゾチック	異国情緒のある

・エグゼクティブ	経営者、管理者	・エクセレントカンパニー	超優良企業
・エコノミスト	経済学者、経済専門家	・エコビジネス	環境関連事業
・エレクトロニクス	電子工学	・エンジニアリング	工学技術
・エンドユーザー	最終消費者	・エンドレス	無限
・オーガニック	有機栽培	・オークション	競売
・オーソドックス	正統の、公認の	・オーソリティー	権威、大家
・オファー	申し込み	・オフィシャル	公式の、正式の
・オプション	選択、自由選択	・オリジナリティー	独創性、創造力
・ガイドライン	目安、指針	・カジュアル	日常的な
・カスタマイズ	顧客志向の機能修正	・カムフラージュ	偽装
・ギャップ	格差、食い違い	・キャパシティー	収容力、能力
・クライアント	顧客、依頼人	・クライシス	危機
・クリエイティブ	創造的、独創的	・グローバル	地球的規模の
・ケーススタディ	事例研究	・コア	核、本質
・コーディネート	調整、調和	・コストパフォーマンス	費用対効果
・コネクション	縁故	・コミッション	委託、委託料
・コミュニティー	地域社会、共同体	・コラボレーション	協力、合作
・コンシューマー	消費者	・コンセプト	概念、観念
・コンセンサス	合意、意見の一致	・コンテンツ	内容、目次
・コンプライアンス	法令遵守	・コンペティション	競争
・コンベンション	会議、集会	・サバイバル	存続、生き残り
・サプライ	供給、配給	・ジェネレーション	世代
・シェルター	避難所	・ジェンダー	性差
・シナジー	相乗効果	・シンポジウム	討論会、座談会
・スキーム	計画、体制、概要	・スキル	技能、熟練
・ステータス	地位、身分、事態	・セールスプロモーション	販売促進
・セオリー	理論、学説	・セキュリティー	安全、防犯
・セグメント	区分	・セレクション	選択
・セレモニー	儀式、式典	・ソリューション	課題解決
・ターニングポイント	転換点	・タイアップ	提携、協力
・ダイジェスト	概要、要約	・タイムラグ	時間のずれ
・ダウンサイジング	小型化	・ダメージ	損害、打撃
・ディスカッション	討論、論争	・ディスプレー	展示

・ディテール	詳細、細部	・ディベート	討論、討議
・ドメスティック	国内の、家庭内の	・トライアル	試験、試み
・ドラスチック	徹底的な、激烈な	・ナーバス	神経質な
・ナショナリズム	民族主義、国家主義	・ナノ	10億分の1
・ノンバンク	非銀行金融機関	・バージョンアップ	性能機能の改善
・パーソナリティー	個性、人格	・バーチャル	仮想の
・バイアス	偏見、先入観	・パイオニア	開拓者、先駆者
・バジェット	予算、予算案	・パテント	特許権
・パフォーマンス	実行、成績	・パブリック	公共の、社会の
・パラダイム	ものの見方、考え方	・バリエーション	変化、変形
・ファンダメンタル	基礎的な、根本的な	・フォーカス	焦点
・プライオリティー	優先順位	・フレキシブル	柔軟な
・ベーシック	基本的な、根本的な	・ヘッドハンティング	人材の引き抜き
・ペナルティー	罰金、処罰	・ベンチマーク	判断の基準
・ペンディング	保留	・ポータブル	持ち運び可能
・ボーダーレス	境界のない	・ホスピタリティー	もてなしの心
・ポジティブ	肯定的、積極的	・ポピュラー	一般的、大衆的
・ポテンシャル	潜在能力、可能性	・マーケットシェア	市場占有率
・ポリシー	方針、信念、政策	・マーチャンダイジング	商品化計画
・マーケットリサーチ	市場動向調査	・マキシマム	最大限
・マイノリティー	社会的少数派、少数	・マスタープラン	基本計画
・マジョリティー	社会的多数派、多数	・マニュアル	手引書
・マニフェスト	政党の選挙公約	・マンパワー	人的資源
・マネジメント	管理、経営	・ミニマム	最小限
・ミッション	使命	・メカニズム	仕組み
・メインバンク	主要取引銀行	・メモリアル	記念の、記念物
・メディア	媒体、手段	・メンテナンス	保守、維持
・メンタルヘルス	精神衛生	・モチベーション	動機づけ
・モチーフ	主題、趣旨	・モラトリアム	実行猶予
・モットー	標語、信条	・ユニット	単位
・モラル	道徳、倫理	・ライフスタイル	生活様式
・ユニバーサル	宇宙の、世界の	・リアクション	反応、反作用
・ライフワーク	一生をかけてする仕事	・リーガル	法律上の

・リアリティー	現実性、迫真性	・リーズナブル	手頃な、妥当な
・リーク	情報漏えい、漏出	・リコール	欠陥製品回収
・リニューアル	改装、新装	・リカバリー	修復、回復、復旧
・リレーション	関係	・リベラル	大きな、自由な
・レアケース	珍しい事例	・リンケージ	結合、連鎖
・レスポンス	反応、応答	・レジュメ	要約
		・ロジカル	論理的な

　カタカナ用語は、日本語で説明をするよりも感覚的でイメージとしてとらえやすい場合も多くあるため、ビジネス場面でも頻繁に使用されます。しかし、特定の分野や領域限定の専門用語として使用される言葉や特定の年代層で使われることが多い言葉も含んでいる可能性があります。相手の立場や年齢なども考慮した上で、シチュエーションに応じて活用し、的確に使用することができるように注意しましょう。

　また、社会変化や時代の推移、さらには技術革新などに伴って、カタカナ用語は新しいものが次々と生まれてくるのも事実です。新たなカタカナ用語を正しく理解して、その言葉の持つ意味・使い方・使う場面・使う相手などにも注意を払うことが大切です。ビジネスや日常生活で、他者との意思疎通を的確かつ効率的に行うことが求められる社会人にとって、カタカナ用語の適正な使い方を身に付けることは、大変重要なスキルの一つです。

日本を知る

1 各都道府県に関連する基本情報

Point

日本国内は、1都1道2府43県から構成されています。それぞれが文化・観光地・特産物などユニークな特色を持っています。日本国内に関する基本情報を社会人にとっての常識として理解します。

（1）都道府県名、各県庁所在地、主要な地名・観光地・特産物・祭りなど

北海道・東北

北海道	札幌	小樽・函館・旭川・帯広・釧路・十勝・知床半島
青森県	青森	八戸・弘前・下北半島・ねぶた祭・りんご
岩手県	盛岡	遠野・平泉・南部鉄器・南部杜氏・わんこそば
秋田県	秋田	角館・なまはげ・かまくら・きりたんぽ・竿燈まつり
宮城県	仙台	青葉城・松島・伊達政宗・牛タン・七夕まつり
山形県	山形	蔵王・最上川・月山・さくらんぼ・米沢牛・花笠音頭
福島県	福島	郡山・会津若松・いわき・磐梯山・猪苗代湖・白虎隊

関東

茨城県	水戸	筑波・日立・霞ヶ浦・偕楽園・納豆・水戸黄門
群馬県	前橋	赤城山・榛名山・妙義山・草津温泉・富岡製糸場
栃木県	宇都宮	日光・那須・中禅寺湖・華厳の滝・ぎょうざ・いちご
千葉県	千葉	成田山・銚子・九十九里海岸・東京ディズニーリゾート・ピーナッツ

埼玉県	さいたま	大宮・浦和・川越・草加・長瀞(ながとろ)・秩父
東京都	東京	皇居・霞が関・浅草・銀座・お台場・スカイツリー
神奈川県	横浜	箱根・鎌倉・小田原・江の島・みなとみらい・中華街

甲信越

山梨県	甲府	勝沼・富士五湖・八ヶ岳・富士山・ぶどう・武田信玄
長野県	長野	松本・軽井沢・上高地・白馬・善光寺・そば・信州
新潟県	新潟	佐渡島・柏崎・長岡・十日町・妙高・苗場・越後

北陸・東海

富山県	富山	黒部・立山・魚津・五箇山(ごかやま)・砺波(となみ)・蜃気楼(しんきろう)・越中
石川県	金沢	能登半島・兼六園・加賀友禅・九谷焼(くたにやき)・加賀
福井県	福井	永平寺・東尋坊(とうじんぼう)・鯖江(さばえ)・越前蟹・越前
静岡県	静岡	熱海・浜松・浜名湖・三保松原・富士山・茶・みかん
愛知県	名古屋	名古屋城・徳川家康・織田信長・豊臣秀吉・味噌・きしめん・尾張
岐阜県	岐阜	飛騨高山・関ヶ原・郡上八幡(ぐじょうはちまん)・白川郷・斉藤道三
三重県	津	伊勢神宮・伊勢志摩・鳥羽・鈴鹿・熊野古道・松阪牛

近畿

京都府	京都	清水寺・金閣寺・天橋立(あまのはしだて)・平安京・祇園祭・京料理
大阪府	大阪	道頓堀(どうとんぼり)・梅田・通天閣・あべのハルカス・たこ焼き・お好み焼
滋賀県	大津	琵琶湖・近江八幡・彦根・信楽焼(しがらきやき)・比叡山延暦寺(ひえいざんえんりゃくじ)
和歌山県	和歌山	熊野・高野山・白浜・那智勝浦(なちかつうら)・梅・みかん・紀州
兵庫県	神戸	姫路城・淡路島・有馬温泉・宝塚・甲子園・異人館
奈良県	奈良	東大寺大仏・法隆寺・唐招提寺(とうしょうだいじ)・春日大社・平城京

中国・四国

鳥取県	鳥取	米子・倉吉・大山・砂丘・白兎海岸・梨
島根県	松江	出雲大社・石見銀山・津和野・宍道湖・隠岐・安来節
岡山県	岡山	倉敷・後楽園・蒜山・備前焼・桃太郎伝説・桃
広島県	広島	宮島・厳島神社・平和記念資料館・牡蠣・お好み焼
山口県	山口	萩・宇部・岩国・下関・秋芳洞・松下村塾・長州
香川県	高松	小豆島・金刀比羅宮・栗林公園・讃岐うどん
愛媛県	松山	道後温泉・宇和島・新居浜・『坊ちゃん』・みかん
徳島県	徳島	鳴門の渦潮・鳴門海峡・祖谷渓・阿波踊り
高知県	高知	四万十川・坂本龍馬・皿鉢料理・よさこい祭り・土佐

九州・沖縄

福岡県	福岡	博多・北九州・久留米・大宰府・博多祇園山笠
佐賀県	佐賀	有田焼・伊万里焼・唐津焼・武雄温泉・嬉野温泉
長崎県	長崎	対馬・五島列島・壱岐・佐世保・出島・グラバー邸
大分県	大分	別府・湯布院・温泉数日本一・温泉湧出量日本一
宮崎県	宮崎	日南・延岡・高千穂・青島・天岩戸・地鶏・マンゴー
熊本県	熊本	阿蘇山・天草・三角西港・黒川温泉
鹿児島県	鹿児島	種子島・桜島・焼酎・西郷隆盛・薩摩
沖縄県	那覇	石垣島・宮古島・首里城・ひめゆり学徒隊・琉球

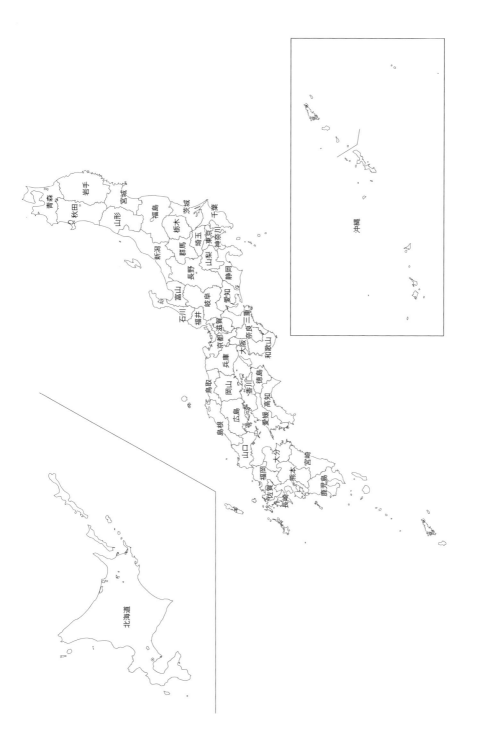

社会常識としての欧文略語

1 社会人にとってのキーワード

Point アルファベットを用いた表記である欧文略語によって、国際的な組織や機能を表す他に経済用語などとして使用されることも数多くあります。今後も国際化する社会の中で生きていく社会人にとっては、欧文略語を理解することは、重要な基礎力であり、社会常識でもあります。

（1）欧文略語

A I	人工知能（Artificial Intelligence）
APEC	アジア太平洋経済協力 （アメリカ・インドネシア・オーストラリア・カナダ・韓国・シンガポール・タイ・中国・チリ・ニュージーランド・日本・パプア ニューギニア・フィリピン・ブルネイ・マレーシア・メキシコ・台湾・香港の18の国と地域、Asia-Pacific Economic Cooperation）
ASEAN	東南アジア諸国連合 （インドネシア・カンボジア・シンガポール・タイ・フィリピン・ブルネイ・ベトナム・マレーシア・ミャンマー・ラオスの10カ国、Association of South-East Asian Nations）
ATM	現金自動引き出し預入れ装置（Automated Teller Machine）
BBC	イギリス放送協会（British Broadcasting Corporation）
BRICS	南アフリカ、サウジアラビア、イラン、エチオピア、エジプト、アラブ首長国連邦の新興10カ国
BS	衛星放送（Broadcast Satellite）
BtoB	企業間取引（Business-to-Business）
BtoC	企業対消費者間取引（Business-to-Consumer）
BtoG	企業対政府間取引（Business-to-Government）
CEO	最高経営責任者（Chief Executive Officer）

CFO	最高財務責任者（Chief Financial Officer）
CIO	最高情報責任者（Chief Information Officer）
COO	最高執行責任者（Chief Operating Officer）
CPA	公認会計士（Certified Public Accountant）
CPTPP	環太平洋経済連携協定 （Comprehensive and Progressive Agreement for Trans-Pacific Partnership）
CS	顧客満足（Customer Satisfaction）
CSR	企業の社会的責任（Corporate Social Responsibility）
CVS	コンビニエンスストア（Convenience Store）
DB	データベース（Database）
DIY	日曜大工（Do It Yourself）
DNA	デオキシリボ核酸（遺伝子情報の継承などを担う物質）
DV	家庭内暴力（Domestic Violence）
EC	電子商取引（Electronic Commerce）
ER	救急救命室（Emergency Room）
EU	欧州連合（European Union）
EXPO	万国博覧会、展覧会（Exposition）
FAQ	よくある質問と回答（Frequently Asked Questions）
FP	ファイナンシャルプランナー（Financial Planner）
FRB	連邦準備制度理事会（Federal Reserve Board）
FTA	自由貿易協定（Free Trade Agreement）
G7	主要国首脳会議 （アメリカ・イギリス・フランス・ドイツ・イタリア・カナダ・日本による会議で Group of seven の略）
GDP	国内総生産（Gross Domestic Product）
GIS	地理情報システム（Geographic Information System）
GNP	国民総生産（Gross National Product）

第1編　社会常識

GPS	全地球測位システム（Global Positioning System）
IAEA	国際原子力機関（International Atomic Energy Agency）
ICT	情報通信技術 （Information and Communication Technology）
ILO	国際労働機関（International Labour Organization）
IMF	国際通貨基金（International Monetary Fund）
IOC	国際オリンピック委員会（International Olympic Committee）
IPO	新規株式公開（Initial Public Offering）
IR	投資家向け広報（Investor Relations）
ISO	国際標準化機構 （International Organization for Standardization）
IT	情報技術（Information Technology）
JA	農業協同組合（Japan Agricultural Cooperatives）
JARO	日本広告審査機構 （Japan Advertising Review Organization）
JAS	日本農林規格（Japanese Agricultural Standard）
JAXA	宇宙航空研究開発機構 （Japan Aerospace Exploration Agency）
JICA	国際協力機構（Japan International Cooperation Agency）
JIS	日本産業規格（Japanese Industrial Standards）
LAN	一定の範囲内でのコンピュータネットワーク（Local Area Net Work）、企業内情報通信網
LCC	格安航空会社（Low Cost Carrier）
LED	発光ダイオード（Light Emitting Diode）
LLP	有限責任事業組合（Limited Liability Partnership）
M&A	企業の合併・買収（Mergers and Acquisitions）
MBA	経営学修士（Master of Business Administration）
MR	医療情報担当者（Medical Representative）

NASA	アメリカ航空宇宙局 (National Aeronautics and Space Administration)
NATO	北大西洋条約機構（North Atlantic Treaty Organization）
NGO	非政府組織（Non-Governmental Organization）
NISA	少額投資非課税制度（Nippon Individual Saving Account）
NPO	非営利組織（Non-Profit Organization）
NPT	核兵器不拡散条約 （Treaty on the Non-Proliferation of Nuclear Weapons）
ODA	政府開発援助（Official Development Assistance）
OECD	経済協力開発機構 （Organization for Economic Co-operation and Development）
OEM	相手先ブランドで販売される製品の生産 （Original Equipment Manufacturing）
Off-JT	職場外教育訓練（Off-the-Job Training）
OJT	職場内教育訓練（On-the-Job Training）
OPEC	石油輸出国機構 （Organization of Petroleum Exporting Countries）
PER	株価収益率（Price Earnings Ratio）
PKF	国連平和維持軍（Peacekeeping Forces）
PKO	国連平和維持活動（Peacekeeping Operations）
POS	販売時点情報管理（Point Of Sales）
PR	広報、宣伝（Public Relation）
QC	品質管理（Quality Control）、全社的品質管理を示す場合には TQC（Total Quality Control）
R&D	研究開発（Research and Development）
REIT	不動産投資信託（Real Estate Investment Trust）
ROA	総資産利益率（Return On Asset）
ROE	株主資本利益率（Return On Equity）

S I	システム・インテグレーション、情報システムの企画・立案・導入からサポートまで一括のサービス（System Integration）
SOHO	自宅や小規模な事務所で仕事をする事業者 （Small Office/Home Office）
UNESCO	国際連合教育科学文化機関 （United Nations Educational, Scientific and Cultural Organization）
UNICEF	国際連合児童基金（United Nations Children's Fund）
WHO	世界保健機関（World Health Organization）
WTO	世界貿易機関（World Trade Organization）

　欧文略語には、表記が同じでも異なる意味を持つケースも多いので注意が必要です。例えばBSは貸借対照表（Balance Sheet, B/S）や放送衛星（Broadcast Satellite）、血糖値（Blood Sugar）などの意味を表す場合もあります。

世界の国名と首都

1 主要国名と首都

Point　世界各国との交流が、貿易・文化・旅行・留学など広い領域で行われています。今後も一層加速化する国際化、経済の自由化の中で、世界に目を向ける必要性はより重要性を増していきます。日本政府が承認している国は日本を含めて 196 カ国あり、国際連合加盟国は 193 カ国です。（2019 年 3 月現在）

（1）主要国と首都

　国ごとに事情はさまざまで、国内に複数の民族・宗教・言語などを有するために内紛や戦争などが起こる危険性を抱えている国も多く存在しているのが現状です。国内の治安だけではなく、国同士の相互理解など平和に向けた課題は多数残されています。

　日常生活で、比較的多くの情報に接する主要国とその首都名を紹介します。

国名（首都）		国名（首都）	
アフガニスタン	（カブール）	アラブ首長国連邦	（アブダビ）
イスラエル	（エルサレム）	イラク	（バグダット）
イラン	（テヘラン）	インド	（ニューデリー *）
インドネシア	（ジャカルタ）	カンボジア	（プノンペン）
サウジアラビア	（リヤド）	シンガポール	（シンガポール）
タイ	（バンコク）	韓国	（ソウル）
中国	（北京）	北朝鮮	（ピョンヤン）
トルコ	（アンカラ）	ネパール	（カトマンズ）
パキスタン	（イスラマバード）	バングラディッシュ	（ダッカ）

フィリピン	（マニラ）	ベトナム	（ハノイ）
マレーシア	（クアラルンプール）	ミャンマー	（ネーピードー）
モンゴル	（ウランバートル）	エジプト	（カイロ）
ケニア	（ナイロビ）	リビア	（トリポリ）
南アフリカ	（プレトリア）	アイスランド	（レイキャビク）
アイルランド	（ダブリン）	イギリス	（ロンドン）
イタリア	（ローマ）	オーストリア	（ウィーン）
オランダ	（アムステルダム）	ギリシャ	（アテネ）
スイス	（ベルン）	スウェーデン	（ストックホルム）
スペイン	（マドリード）	チェコ	（プラハ）
ドイツ	（ベルリン）	ノルウェー	（オスロ）
ハンガリー	（ブダペスト）	フィンランド	（ヘルシンキ）
フランス	（パリ）	ブルガリア	（ソフィア）
ベルギー	（ブリュッセル）	ポーランド	（ワルシャワ）
ポルトガル	（リスボン）	ルーマニア	（ブカレスト）
ウクライナ	（キエフ）	ロシア	（モスクワ）
アメリカ	（ワシントン D.C.）	カナダ	（オタワ）
アルゼンチン	（ブエノスアイレス）	キューバ	（ハバナ）
チリ	（サンティアゴ）	ブラジル	（ブラジリア）
ペルー	（リマ）	メキシコ	（メキシコシティー）
オーストラリア	（キャンベラ）	ニュージーランド	（ウェリントン）

＊インドの首都は「デリー」でも可

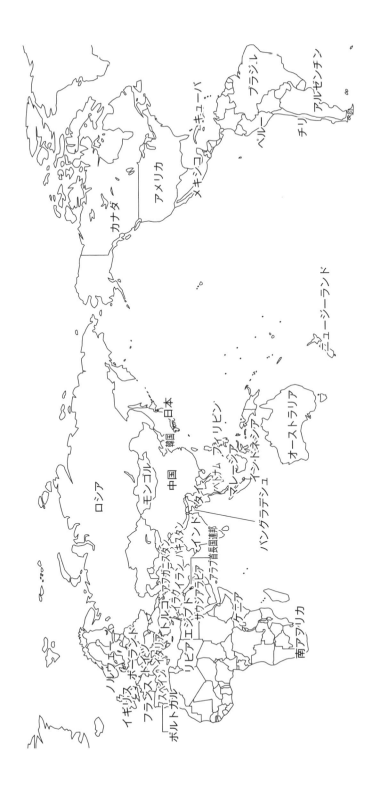

ビジネスにおける計算力の重要性

1 数字の確かさを判断する

Point 正確で的確な計算は、ビジネスにおいて重要です。一方で、おおよその数字をすばやく計算することが必要な場合もあります。それぞれが必要な場合を考えていきましょう。

（1）ビジネスでの計算

　会社間の取引でも会社内のやり取りでも、業界を問わず正確な計算は的確な判断や効率的な仕事をする上で極めて重要になります。実際の計算は電卓や表計算ソフトで行うにしても、どのような計算をすれば要求された結果が得られるか分かっていないと相手との取引はできませんし、信用してもらえるビジネスパーソンになれません。信頼関係を構築するためにも欠かすことのできない能力です。

　一方で、正確な計算よりも、すばやく概算の数値を求めることが重要となるシーンもあります。例えば、消費税抜きの価格から税込み価格の概算値を提示したり、単価と数量から全体の価格を示したりする際に、わざわざ電卓を取り出して計算する余裕がない場合もあります。このような概数の計算がビジネスの現場でのすばやい判断に結びつき、危機を未然に防ぐことができる場合もあります。

（2）計算のセンス

　きちんとした計算を行ったつもりでも、電卓や表計算ソフトへの入力を間違っていては、正しい結果は得られません。正確な入力を行うことはもちろんですが、得られた結果に対して、正しいかどうかを検証することが重要になります。例えば入力の際の0が一つ多かったり少なかったりするだけで、計算結果に大きな違いが出るでしょう。計算で得られた数字をそのまま受け入れるのではなく、その数字が適当かそうでないかを判断するセンスを身に付けることは、経理関連のみならず、すべてのビジネスパーソンにとって重要なことです。

こうした能力を養うためには、普段から計算を避けずに慣れ親しむことが重要です。簡単な計算から始めて、例えば買い物で消費税額を暗算するなど、普段の生活での計算に慣れてくれば、だんだんと計算センスが養われていきます。

（3）正確な計算

友人同士で遊びに行った費用を割り勘にする場合など、全員が納得できれば大雑把なやりとりでもよい場合もあります。しかし、仕事ではそうはいきません。一定のルールに基づいた計算をする必要があります。日常的に現金を扱う場合などは特に注意が必要で、職種によっては、収支が1円でも違えば全員でその日の業務を一つずつ振り返って再点検する場合もあります。また、会社の予算管理や経費精算などの他、在庫管理などでも正確な数量の把握が重要になります。

一方、このような計算からビジネスの収支が判断できますから、次の戦略を考えるための非常に重要なデータとなります。正確な計算に基づくことで、よりよいビジネス計画を作ることができるのです。

（4）概数計算

数値を迅速に算出する力が求められる場面もあります。

例えば24,980円の商品に対し「八掛けなら買うよ」と言われて、すぐにいくらか分かるでしょうか？ 細かい金額を求めることが無理でも、それで売ってよいかどうかをとっさに判断することが重要な場合があります。この例では、およそ25,000円の0.8倍として20,000円弱、と考えることができます。元の値段の0.8倍の代わりに、2割引きだから0.2倍を引けばいい、と考えることもできます。この場合、0.2倍するには2倍してから10で割る（つまり後の0を一つ消す）方法や、$0.2 = \frac{1}{5}$ だから25,000円を5で割る、といった計算ができれば、ほとんど暗算だけで計算できます。なお、「八掛け」「2割引き」「20％オフ」はすべて同じ意味です。このような用語も知っておく必要があります。

また、5,000万円分の仕入れに対して、「手数料0.2％が上乗せされます」と言われた場合、いくらの手数料になるか、すぐに判断できるでしょうか？ 大きな金額に対して、計算の感覚を養っておくことも重要です。5,000万円の0.1％では0を三つ取って5万円、その2倍が0.2％なので10万円となります。想定外の金額かもしれませんし、予定通りかもしれませんが、いずれにしても、とっさの計算が必要になります。これらの感覚は、普段から数に慣れておけば身に付いてきますから、数に慣れることは重要です。

数式を元に課題を解決する

1 分析力、思考力、応用力の重要性

Point

ビジネスでは正確さや論理性が問われます。具体的には分析力、思考力、応用力が必要とされます。これらを発揮する際に必要な計算は多岐に渡りますが、ここでは頻繁に用いる基本的な計算を元に、三つの力の考え方を確認しましょう。

（1）ビジネスで問われる三つの計数能力

前の節では日常的に用いられる計数センスの重要性を説明しましたが、ビジネスでは特に次の三つの計数能力が必要とされます。

①数字を元に状況を客観的にとらえる「分析力」
②数字を元に物事を論理的に考える「思考力」
③問題を解決するために複合的に計数センスを発揮していく「応用力」

これらの力がどのようなシーンで役立つのか、身近な事例とそれを解決する計算式を元に考えてみましょう。

（2）基本事項——割合

分析力、思考力、応用力の基盤となるのが割合や比の考え方です。ある商品の売上が全体のどれくらいを占めるのか、各月の売上は、年間売上の何％に相当するのかなど、ビジネスの場面でも頻繁に活用されます。

具体的な問題を元に考えてみましょう。Aさんの所持金は1,000円とします。Bさんの所持金が3,000円だったとすると、Bさんの所持金はAさんと比べて何倍でしょうか？ 3,000÷1,000＝3倍です。Cさんが5,000円所持しているとすると、Aさんの5倍になります。では、Dさんが800円所持しているとすると、Aさんの何倍でしょうか？ 考え方は今までと同じで、800÷1,000＝0.8倍です。

このように、元になる量（この場合はAさんの所持金）を基準として、考えている量がその何倍になるかを表したものが「割合」です。基準となる量を1

とみていることになります。上の例では、Bさん、Cさん、Dさんの所持金は、Aさんの所持金を基準とするとそれぞれ、3、5、0.8の割合になります。

$$\frac{考えている量}{元になる量}＝割合$$

さて、上のような例では、割合は1よりも大きな数にも小さな数にもなりました。一方で、全体に対する割合を考えたいこともあります。その場合、「元になる量」として「全体の量」を考えることになります。例えば、従業員が200人の会社で、電車通勤の人が120人だとすると、その割合は、120÷200＝0.6になります。自転車通勤の人が3人だと、割合は3÷200＝0.015になります。このように、全体に対する割合を考える場合では特に、割合は必ず0と1の間の数になってしまい、小数で表すことが多くなります。数字としては分かりにくいですね。

$$\frac{一部}{全体}＝割合$$

そこで、基準となる量を100とみて、考えている量がいくつになるかを考えると、小数のままで考える場合より分かりやすいことが多くあります。このような考え方を「百分率」といい、数字の後ろに「％」をつけて表します。上の例だと、電車通勤の人の割合は（120÷200）×100＝60％であり、自転車通勤の人の割合は（3÷200）×100＝1.5％となります。

$$割合×100＝百分率（％）$$

この百分率と同様の考え方に、歩合というものがあります。0.1の割合のことを「1割」、0.01の割合を「1分」、0.001の割合を「1厘」と表します。例えば、3割4分6厘は、割合（小数）では0.346、百分率では34.6％となります。

例題①　50個の商品のうち、不良品が4個だった。不良品の割合は何％か。

解答①　$\dfrac{4}{50}×100＝8％$

例題②　300人が受験した試験で合格者の割合は35％だった。合格者は何人か。

解答②　$300×\dfrac{35}{100}＝105人$

例題③　あるマンションで、子供の人数は48人で、住民全体の32%だった。住民は全員で何人か。

解答③　$48 \div \dfrac{32}{100} = 150$人

　最後の問題の考え方を、最初の例を使って示しておきます。Aさんを基準とするとBさんは3倍の所持金で、3,000円を持っていることが分かっています。つまりAさんの所持金を3倍した値が3,000円なのだから、Aさんの所持金を求めるには、3,000円を3（倍）で割ればよいのです。ではDさんの所持金から同じことをしてみましょう。Aさんの0.8倍が800円なのだから、$800 \div 0.8 = 1,000$円とすればよいわけです。つまり、全体（基準）に対する割合とその量が分かっているのなら、全体（基準）の量は、考えている量をその割合で割れば求められます。

（3）基本事項——比

　二つの量を考えるとき、それらの量同士の割合に注目することがあります。例えば、最近のテレビ画面は、大きさはいろいろなものがありますが、横の長さを基準としたときの縦の長さはどのテレビでもほぼ同じで、縦は横の0.5625倍です。このような場合、（縦の長さ）：（横の長さ）＝0.5625：1となり、これを縦と横の長さの比といいます。つまり、二つの量同士の割合を、ある基準で表したものが比です。小数では分かりにくいですが、0.5625：1は実は9：16と同じです。横の長さを基準として縦を表すと0.5625倍となるのですが、それよりも横の長さが16のときに縦が9、と考えたほうが分かりやすいこともあります。つまり、どちらかを基準にもう一方を表す、というよりも、お互いの量の関係を分かりやすく表すことが比の役割です。三つ以上の量についての比も同じです。

　比はお互いの量の関係を示すので、1：2＝3：6＝0.5：1のように、比のそれぞれに同じ数を掛けたり割ったりしても同じ関係になります。すると、1：2＝□：8となるような□の値を求めたければ、2を8にするために4倍すればいいことから、□は$1 \times 4 = 4$とすればよいことが分かります。

　ただし、そのままでは扱いにくいこともあります。二つの量の比と、それら両方の合計の量が与えられた場合などです。AとBの個数が1：3、全体で8個、という場合、AとBの個数だけでなく、全体の個数も含めて考えるほうが考えやすくなります。A：B：全体＝1：3：(1+3)ですから、A：全体＝1：4、つ

まりAの全体に対する割合は$\frac{1}{4}$になります。よって、Aの個数は、$8\times\frac{1}{4}-2$個となります。自分で全体に関する比を考えることがポイントになります。

例題①　テレビの画面の例（縦9：横16）で、横が48cmのとき、縦は何cmか。
解答①　縦：48＝9：16　→　9×3＝27cm

例題②　50冊の本を、AとBで冊数が3:7の比になるように分けた。Bは何冊か。
解答②　A：B：全体＝3：7：10なので、
　　　　Bは全体の$\frac{7}{10}$　→　$50\times\frac{7}{10}=35$冊

（4）基本事項──原価、利益、定価

「原価」は仕入れた値段（または製造に必要な値段）です。「仕入れ値」ともいいます。仕入れたままの「原価」のままで販売してしまうと何の利益もありませんから、通常は「利益（粗利益）」を加えた値段で販売し、その値段を「定価」といいます。つまり、「定価」＝「原価」＋「利益（粗利益）」です。以下では粗利益のことを利益と呼ぶことにします。

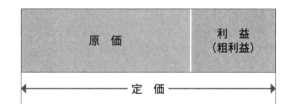

利益は、金額で設定する場合もありますが、「原価の〇％」というように原価に対する割合で設定する場合もあります。この場合の利益の金額は、あらかじめ設定して計算しなくてはなりません。

また、定価から値引きをして販売する場合もあります。定価が高すぎたり、消費期限が迫って早く売ってしまいたかったり、理由はさまざまですが、いずれにしても、定価から一定割合を引くことがよく行われます。例えば、定価1,000円の商品の3割引きだと、1,000円の3割で$1{,}000\times\frac{3}{10}=300$円が割り引かれるので、$1{,}000-300=700$円となります。このとき、割り引かれる金額を計算するのではなく、$1{,}000\times(1-\frac{3}{10})=1{,}000\times0.7=700$円のようにすると、値引きした後の値段を直接求められます。

これらの問題では、割合がよく出てきます。割合は、基準の量に対してそ

の何倍か、でした。なので、基準が変われば、同じ倍率でも金額が変わってきます。例えば、100円で仕入れた商品に2割の利益を見込んで定価をつけ、2割引きで売った場合はどうなるでしょうか。定価は、$100 \times (1+0.2) = 100 \times 1.2 = 120$円です。値引きをすると、$120 \times (1-0.2) = 120 \times 0.8 = 96$円になります。2割の利益と2割引きだから元に戻る、と思ってはいけません。定価の場合は原価に対する2割であり、値引きの場合は定価に対しての2割ですから、同じ「2割」でも基準が違います。必ず計算を行って確認しましょう。

例題①　原価500円の商品に8%の利益を含めて定価をつけるといくらか。
解答①　$500 \times (1+0.08) = 500 \times 1.08 = 540$円

例題②　原価800円、定価1,000円の商品の利益は原価の何%か。
解答②　利益は$1,000 - 800 = 200$円、$200 \div 800 = 0.25 = 25\%$

なお、利益（粗利益）の中には、販売するために必要な経費（人件費や光熱費など）を含んでいます。そのため、本当の意味での利益（純利益）は、粗利益から経費を引いたものになります。

（5）基本事項——速度・距離・時間

　速度（速さ）とは、時間当たりに進む距離（道のり）のことです。1時間で30km進めば時速30km（30km/hとも表す）です。3時間で30km進んだのなら、1時間当たりに$30\text{km} \div 3 = 10\text{km}$進んだことになるので、時速10kmです。また、10分間で8,000m進んだら、1分当たりでは$8,000\text{m} \div 10 = 800\text{m}$になるので、分速800mです。このような場合には、動いている時間の間、速さは一定であると考えるのが一般的です。そのため、「平均の速さ」「平均速度」といった表現をすることがあります。現実には一定の速さで動くことは困難ですが、一定時間でどのくらいの距離を進めるか、という意味で役に立つ値です。

　実際の計算は、上で示したのと同じような方法で行います。つまり、

$$速度 = \frac{移動距離}{かかった時間}$$

です。単位は、計算で用いた距離と時間の単位で決まります。例えば、距離が「km」、時間が「時間」なら、速度の単位は「時速○km」または「○km/h」

となります。

また上の式から、

$$かかった時間 = \frac{移動距離}{速度}$$

$$移動距離 = 速度 \times かかった時間$$

であることも分かります。

なお、単位には十分注意が必要です。特に、時間は小数で扱うのが難しいときがあります。1分は$\frac{1}{60}$時間ですが、0.1時間でも0.01時間でもありません。秒を分にしたり、分を時間で表したりするときには、分数を使って正確に計算するように気を付けましょう。

距　離	1m = 100cm = 1,000mm 1km = 1,000m
時　間	1分 = 60秒 1時間 = 60分 = 3,600秒
速　度	秒速1m = 分速60m = 時速3.6km

例題① 6時間のサイクリングで150kmを走った。平均時速は何kmか。

解答① 150km÷6=25km　→　時速25km

例題② 平均時速210kmで2時間40分走行する電車は、どれだけの距離を移動できるか。

解答② 2時間40分=$2+\frac{40}{60}$時間=$\frac{8}{3}$時間　→　210km×$\frac{8}{3}$=560km

例題③ 130kmの距離を、平均時速50kmで移動すると、何時間何分かかるか。

解答③ 130÷50=2.6時間=2時間36分

（6）応用計算——複数の条件に基づく判断

基本事項を押さえたところで、次に応用計算の考え方を学びます。いずれも、

より高度な分析力、思考力、応用力を身に付けるために必要なものです。

　まずは、2種類の商品をいくつかのパターンで組み合わせた値段が分かっている場合に、それぞれの値段を求めるなど、二つ以上の条件から判断する問題の解き方を考えてみましょう。

　例えば、「条件①：商品Aを3個と商品Bを1個で1,000円」、「条件②：商品Aを5個と商品Bを1個で1,400円」の両方が分かっているなら、二つの条件の違いは商品Aの個数だけです。商品Aを2個多く買うと400円多く必要なのだから、商品Aは1個当たり200円と分かります。商品Bは条件①から、1,000円−200円×3個＝400円と分かります。このように複数の条件で考えるとき、何かが共通ならば考えやすいわけです。

　では次に、「条件①：商品Cを3個と商品Dを2個で1,400円」「条件②：商品Cを5個と商品Dを4個で2,400円」だとしましょう。この場合、二つの条件で共通の個数の商品はありません。しかし、条件①から、「商品Cを6個と商品Dを4個で2,800円」だと分かります。これと条件②を比べると、商品Cは1個当たり400円です。商品Dは条件①から2個で1,400円−400円×3個＝200円、つまり1個当たり100円となります。

　このように、どちらかの個数を揃えれば、二つの条件の違いに着目して、もう一方の1個当たりの情報が分かります。

　では、3種類だったらどうでしょうか。考え方は同じです。どれか一つの個数を揃えて、残り二つの個数に関する条件を二つ作ります。

　例題①　商品Aを6個買って箱に詰めてもらうと1,000円、
　　　　　商品Aを9個買って箱に詰めてもらうと1,450円だった。
　　　　　箱の代金は同じだとすると、商品Aの1個の値段はいくらか。
　解答①　二つの条件の違いは商品Aの個数だけで、ちょうど3個分が450円。
　　　　　つまり1個当たりでは450円÷3＝150円となる。

　例題②　製品Bを1個と製品Cを4個の詰め合わせの重さは800g、
　　　　　製品Bを4個と製品Cを2個の詰め合わせの重さは1,100gだった。
　　　　　それぞれの重さはいくらか。
　解答②　二つめの条件から、製品Bを8個と製品Cを4個で2,200gとなる。
　　　　　最初の条件と比べると、製品Bが7個で1,400g、つまり製品Bは1個当たり200ｇ、製品Cは4個で600gなので、1個当たり150g。

例題③　商品P、商品Q、商品Rをいくつかずつ買った。

　　　　Pを1個、Qを2個、Rを2個では1,100円、

　　　　Pを2個、Qを3個、Rを3個では1,700円、

　　　　Pを4個、Qを4個、Rを5個では2,700円だった。

　　　　それぞれの値段はいくらか。

解答③　Pの個数を4個ずつに揃えて考える。

　　　　Pを4個、Qを8個、Rを8個では4,400円、

　　　　Pを4個、Qを6個、Rを6個では3,400円、

　　　　Pを4個、Qを4個、Rを5個では2,700円なので、

　　　　Qを2個とRを2個で1,000円、Qを2個とRを1個で700円。

　　　　つまりRが1個で300円、Qを2個では700円−300円＝400円

　　　　なので、Qが1個では200円。

　　　　最初の式にあてはめて、Pが1個で1,100円−1,000円＝100円。

　もちろん、連立方程式を立てて解くこともできます。

（7）応用計算──差の問題

　二人が同時にスタートして違う速さで動くときなどでは、その変化の仕方に着目すると考えやすくなります。

　例えば、Aさんは毎分80m、Bさんは毎分100mで、同時に同じ場所から同じ方向に向かって歩き始めるとき、二人の間は、1分ごとに100−80＝20mずつ離れていきます。ということは、30分後には20m×30分＝600mだけ離れていることになります。また、同時に同じ場所から反対向きに歩き始めると、2人の間は1分ごとに100＋80＝180mずつ離れていきます。30分後には180m×30分＝5,400mも離れています。このように二つの変化の違いを考えると、計算をより楽にすることができます。

　もしも最初の場所が離れているなどの場合は、その分だけを別に考えれば良いのです。上の例で、AさんとBさんが同じ向きに動く場合、Aさんが100mだけ先の場所にいたとします。同時に出発すると、いつかBさんが追いつきますね。いつ追いつくかを考えるには、100mの差があるところを1分当たり20mずつ近づいていくのだから、100÷20＝5分後に追いつくことが分かります。

例題①　1周900mの池がある。Aさんは毎分60m、Bさんは毎分90mで、同じ地点から池の周りを反対方向に歩き始めた。AさんとBさんが出会うのは何分後か。

解答①　AさんとBさんの距離は1分当たり60＋90＝150mだけ離れるので、900m離れると出会うことから、900÷150＝6分。

例題②　同じ池で、AさんとBさんが同じ地点にいた。Aさんが池の周りを歩き始めて5分後に、BさんもAさんを追って同じ方向に歩き始めた。BさんがAさんに追いつくのは何分後か。

解答②　5分間でAさんはBさんと60×5＝300mだけ離れる。Bさんの方が1分当たり30mだけ多く進むので、300mだけ多く進むのは、300÷30＝10分後。

　数字を元に考えると、物事を正確に、論理的に、客観的にとらえることが可能です。ビジネスではまさにそのような状況判断の能力——分析力、思考力、応用力が必要とされているのです。

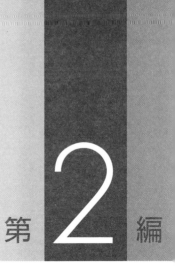

第2編

コミュニケーション

　ビジネスシーンで、良い人間関係を築くための意思伝達スキルを学びます。職場や社外で、それぞれの人間関係に応じた話し方、聞き方を身に付けることが仕事の成果につながります。ビジネス文書の書き方も習得しておきましょう。

コミュニケーション

1 ビジネスにおけるコミュニケーションとは

Point

コミュニケーションは、「話す」「聞く」「書く」「読む」ことで、お互いを理解し合うことです。日常生活の中でも自然に行われていることです。ここでは、ビジネスにおけるコミュニケーションとはどんなことなのかを学んでいきましょう。

(1) コミュニケーションとは

　コミュニケーションは、思考・感情・知識・意見などに関する情報を、他の人に伝達する、または相手から受けることで相互理解することです。伝達手段は、書き言葉、話し言葉などの言語的なものと、態度・表情・合図などの非言語的なものがあります。意識的・無意識的に行われています。

（2）コミュニケーションの意義

　コミュニケーションの目的は、お互いが相手のことを理解し、自分のことも理解してもらうことです。コミュニケーションは、よくキャッチボールに例えられます。相手との距離を考え、相手の取りやすいボールを投げることや、相手のボールに注意してしっかり受けとめることが大切です。そのためには二人の距離感や、ボールの投げ方・速度など、お互いに細やかな配慮が必要です。一方通行ではなく心のキャッチボールを心がけ、双方向に円滑にコミュニケーションすることで、お互いの理解が深まり、人間関係が良くなり、信頼関係を築くことができます。

　仕事に必要な知識や技能を習得することは重要ですが、周りとのコミュニケーションが上手に行われないと、自分の考えや伝えなければならないことを相手に理解してもらうことが難しくなります。相手の考えや要望を理解することもできなくなることでしょう。これでは十分に能力を発揮することができなくなります。

　同僚や上司、お客様など関係者と上手にコミュニケーションを行うことにより良い人間関係を築くことができ、自分の能力を発揮して仕事も順調に進めることができます。

（3）双方向の円滑なコミュニケーションの重要性

　コミュニケーションが円滑に行われるためには、日頃から意識してコミュニケーション能力を磨いていく努力が必要です。まず対話することで相互理解できるようにすることが大切です。コミュニケーション能力が高い人は、相手に自分の考えを誤解なく伝えることができます。一方的に話すのでは自分の考えを相手に正確に理解してもらうことは難しいでしょう。対話を重ね、相手の考えを聞いて、共通点や相違点を明らかにする中で、自分の考えが相手に正確に伝わりやすくなります。また、相手の求めていることを見極めることも重要です。対話することで、お互いが求めていることをともに考え、解決策を見出すこともできるのです。

（4）双方向の円滑なコミュニケーションの留意点

①相手を尊重する

- ・相手の立場を知る
- ・先入観にとらわれない
- ・こちらから話す機会をもつようにする

②表情と態度で相手を歓迎していることを示す

- ・温かく親しみやすい挨拶をする
- ・笑顔で話す
- ・「目は心の窓」、誠実で熱意あるまなざしで迎える

③傾聴と主張のバランスを上手にとる

- ・相手の話から真意を汲み取る
- ・分かりやすい話し方を心がける

④相手のペースに合わせる

- ・ミラーリング（相手と同じ動作をすることで、相手に好感を与える）
- ・マッチング（声の大小・話す速度・表現方法などを合わせる）

⑤相手から否定されても、すぐ反論せず落ち着いて相手の状況に合わせる

あなた「明日時間をいただけますか」

相手「明日は時間がないね」

あなた「明日は時間がないですか。それでは…（と代案を示す）」

⑥用件はメモと復唱で、正確に把握する

- ・重要なポイントは復唱確認する
- ・相手の話は最後まで聞く

2 意思疎通の重要性

Point
お互いを理解し、意思疎通が円滑になれば信頼関係ができ、仕事が
しやすくなります。傾聴と主張のバランスを上手に取りながら、意
思疎通の効果的な方法を身に付けてください。

（1）傾聴の重要性

　傾聴とは、話し手の話す内容を深いレベルで理解して問題解決するために、
話し手に適切に働きかけ、会話をより充実させることです。相手の立場に立って、
相手の真意を聞き取ることが大切です。コミュニケーションの手段は、「話す」
「聞く」「書く」「読む」ですが、これらの要素の中で、「聞く」ことに費やす
時間は全体の45％を占めるといわれています。聞き方を工夫し良い聞き手に
なることで話し手を触発できれば、話し手も話しやすくなり、相互理解が進
みます。

◆「きく」の違い

・聞く…音・声を耳に受ける。耳に感じ取る。

・訊く…尋ねる。問いかける。

・聴く…身を入れて聞く。言葉だけでなく表情・態度・話し方などから相手
　　　　の真意を汲み取る。

（2）傾聴の要素

　傾聴は次の4段階で進みます。

①相手の話を聞く

②話の内容を解釈する

　自分流の解釈にあてはめず、相手の立場を理解する。

③話の内容を評価する

　話は結論とその根拠や推論から成っている。根拠や推論に疑問点が少な
い方が分かりやすいメッセージになる。

④話の内容に対応する

　話を聞き、解釈し、評価して、賛同・反論・態度保留などの形で対応する。

第2編　コミュニケーション

（3）傾聴のポイント

　傾聴するには、相手の話をしっかり聞き、自分を抑えることが重要です。上手な聞き手になることで、相手は心を開き、熱心に話してくれるようになります。そのことで情報が増え、交渉や説得にも役立つことになるのです。

　相手が話しやすくなる聞き方は次のとおりです。

　　あ　あいづちを打つ　　　アイコンタクトをとる
　　い　一生懸命に　　　心を込めて
　　う　うなずく
　　え　笑顔で
　　お　終わりまで
　　＋
　　し　質問をする

①あいづちを打つ

　多くの人は自分の話を聞いてもらいたいと思っています。同時に「聞いてくれるかしら」「分かってもらえるだろうか」と不安も持っています。コミュニケーションは言葉のキャッチボールです。あいづちの「ええ」「はい」「そう」などの短い言葉でも「あなたの話を聞いていますよ」「あなたに関心をもっていますよ」というメッセージが込められているので、話し手は話しやすくなるのです。

1. 「同意」…………… 相手の目を見く

「そうそう」「なるほど～」「たしかに」「そうですね」

2. 「オウム返し」……… 会話に含まれるキーワードを繰り返す

「先週箱根に行ってきました」→「まぁ箱根ですか」

3. 「展開」……………… 話を先に進める

「それから？」「どうなったんですか」「たとえば？」「お仕事だったのですか？」

4. 「共感」……………… 相手の気持ちに寄り添う

「そうですよね」「それは大変ですね」
「それはよかったですね」「嬉しかったでしょう」

5. 「感動」……………… 感情を込めて反応する

「すばらしいですね」「本当ですか？」「びっくりしました」「嬉しいです」

6. 「まとめ」…………… 要点をおさえ確認

「大事なポイントは～ですね」「それは～ということですね」
「～ということでいいですか」

②アイコンタクト

相手の赤線枠内に視線を置くようにしましょう。

③うなずく

話を聞いている人がうなずいてくれると、とても話しやすくなります。上手にうなずくには、耳だけでなく体全体で聞く習慣を身に付けることが大切です。

人に好かれる聞き方として、次の四つを参考にしてください。

●ハート・リスニング…相手の話に「感心・感動・感謝」の心をもつ。
●ボディ・リスニング…身体を相手に向ける。（Heart to Heart）
●リターン・リスニング…同じ言葉を繰り返す。
●クエスチョン・リスニング…話の中から関心のあることを質問する。

④会話を発展させる上手な質問

質問することで、真剣に話を聞いていることをアピールできます。相手に自分の言葉で自由に話してもらえるような質問が話を弾ませます。

●クローズドクエスチョン
　「〜ですか?」「〜しましたか?」など「はい」「いいえ」の答えを導く質問
●オープンクエスチョン
　「どんなふうに?」「そのときどう思ったんですか?」と尋ねたり、いつ・どこで・誰と・何を・なぜ・どうやってなどと話題を広げることで、相手の具体的な見解や意見など自由な答えを引き出す質問

⑤メモと復唱・確認

上司からの指示やミーティング内容などをメモも取らずに聞いていると、話す相手はきちんと伝わっているのか不安になります。メモを取ることは「真剣に聞いています」ということをボディランゲージとして伝える効果もあります。メモを取りながら相手の言ったことをまとめ、最後に要点を「一つ目が○○、二つ目が○○……ということでよろしいでしょうか」と復唱確認することが効果的です。

3 職場のコミュニケーション

Point 職場には多くの人がいて、組織は一つのチームとして目標達成のために活動しています。チームの一員として目標を達成するためにも良いチームワークが求められます。チームとして成果をあげるためにも、共通の目標に向かってコミュニケーションをよく取ることが重要です。

（1）職場におけるコミュニケーションの目的

会議やミーティングを含めた仕事におけるコミュニケーションでは、オフィシャルな関係性を認識した上で、正確性・効率性・生産性・戦略性などが求められます。コミュニケーションの持つ意味はより重要となります。

①目標・方針の共有
ベクトルを合わせるため【何のための共有か、価値を共有】

②共通の状況・場の確認
状況確認のすり合わせのため【正確な問題状況の把握→解決への問題意識の共有】

③正確な情報の共有
不正確さ（あいまいさ）を減らすため【状況の把握、状況分析の確認】

④ノウハウの共有
チームとしての問題解決のため【知識・経験を共有化し、チーム力を高める】

⑤メンバーの相互理解
考えていることの確認のため【メンバーの考え方の確認、方針の確認】

⑥メンバーの役割確認
チーム力アップのため【チームからの発想、チームのために何をするのか】

⑦キャッチボールの確保
問題意識のすり合わせのため【発想の異質化、多様性の確保】

⑧アウトプットの共有化
目標値の共有のため【チームとしての達成度、プロセスの確認】

（2）組織と人間関係

　組織の一員として、組織の状況を理解し、円滑な人間関係構築に努めることが求められます。組織のルールに従って行動し、好き嫌いで接するのではなく、周囲の人と調和する協調性が重要です。

　職場の空気はみんなで作ります。職場の人間関係を円滑で楽しいものにするためには、率先して行う明るい挨拶、周囲の人たちへの優しい思いやり、快いユーモアなどが必要です。毎日同じ人と一緒に仕事をするわけですから、ときには腹が立ったり、悲しくなったり、悔しい思いをしたり、苦しく思うこともあるかもしれません。けれども、そのようなマイナスの感情を引きずらず、嬉しい、楽しい、ありがたい、良かったなどプラスの感情をもつようにすることが大切です。

◆良い人間関係を作るためのポイント
　①相手に迷惑をかけない
　②相手に好感を与える
　③相手を尊重する
　④感謝の気持ちや言葉を忘れない
　⑤笑顔で接する

（3）上司との関係

　上司は、組織の目標達成のためにチームとして動いている職場のリーダーです。チームの一人ひとりに指示や命令を与え、指導・監督にあたっています。部下は指示・命令を遂行して報告することで仕事が成り立っています。上司と部下は連携して協働しているのです。部下として心がけることは次のとおりです。
　①上司の立場を理解して協力と支援の姿勢をもつ
　②上司から指導されたことは、必ずその場でメモをとり、同じ注意や指導を受けないように気をつける
　③上司から仕事の指示・命令を受けるときは、納期・注意点など確認して、助言を受ける
　④仕事の進み具合や状況を上司が把握しやすいように、タイミングを考え報告する

（4）先輩社員との関係

　豊富な経験や知識を持つ先輩には敬意を払うことが大切です。心の中で思うだけではなく、形として先輩を敬う気持ちを表していきます。そのためには、言葉遣いや態度に気を付けなければなりません。先輩から言われるまで何もしないのではなく、なるべく先輩の手をわずらわせないように自分ができることは率先して行いましょう。（電話が鳴ったら先に出る、書類を他部署に運ぶ、キャビネットなどの整理をするなど）

①**先輩を立てる姿勢をもつ**
②**仕事の処理方法など、指導やアドバイスを積極的に求める**
③**判断に迷うことがあれば、自己判断で進めず確認する**
④**面倒な仕事を頼まれても、不満な顔を表わさず喜んで引き受ける**

第2編　コミュニケーション

良い人間関係のためのコミュニケーション

1 コミュニケーション力向上のポイント

Point 社会人として信頼されるためには、周囲の人とのコミュニケーションに「気づき・気配り・気働き」が求められます。自分に不足しているところに気づき改善していくことで、コミュニケーションスキルを磨きましょう。

（1）コミュニケーションチェック

　次の項目のうち、できているものにはレ点を入れ、日頃のコミュニケーションを確認してください。

☐ ①自分から明るく挨拶していますか。

☐ ②挨拶されたら、きちんと挨拶を返していますか。

☐ ③挨拶する際には、笑顔を心がけていますか。

☐ ④「はい」と気持ちのよい返事をしていますか。

☐ ⑤仕事仲間（先輩・同僚・後輩）の話をよく聞くようにしていますか。

☐ ⑥話を聞くとき、うなずきやあいづちをしていますか。

☐ ⑦話をするときや聞くときにアイコンタクトをとっていますか。

☐ ⑧話をするときや聞くときに、腕を組んだり、脚を組んだりしていませんか。

☐ ⑨作業や業務の終了時には「お疲れ様でした」の言葉を添えていますか。

☐ ⑩「何かあったら言ってください」ではなく「私にできることがあったら、手伝わせてください」と言っていますか。

　「いいえ」と答えた箇所を改善すると、上手なコミュニケーションがとれるようになります。コミュニケーションスキル向上のため具体的に学んでいきましょう。

2 第一印象の重要性

Point 私たちは初めて会う相手に対し、瞬時に相手を判断し何かしらのイメージを抱きます。これが「第一印象」です。第一印象は数秒で決まり、その後も印象は持続すると言われます。あなたの印象は会社の印象にも影響します。好印象を与えるためのポイントを考えてみましょう。

（1）人間関係の深まり方

人間関係は次のように進むと言われています。

| 明るい さわやか | → | 好 感 | → | 安 心 | → | 信 頼 | → | 満 足 |

人は、顔としぐさから心や思いを感じとる

（2）第一印象の決定要素

①視覚情報（身だしなみ、表情、態度、動作）……………………… 55%
②聴覚情報（声のトーン・大きさ、話し方、話すスピード）………… 38%
③話の内容（言葉遣い、話の組み立て、話の内容）………………… 7%
※「メラビアンの法則」より　　　　　　　　　　　　　　　計100%

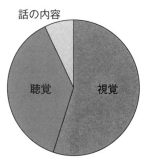

話の内容
聴覚　視覚

　この数字からも、話に説得力を持たせるには言葉以外の伝達要素が非常に重要だと分かります。話の効果を上げるためにも、声の大きさ、話すテンポ、アイコンタクト（視線）、姿勢、手の動き、笑顔、表情などに気を付けることが大切です。

3 好感を持たれる立ち居振る舞い

> **Point** 社会人は自分の立場だけでなく、一人ひとりが会社の代表としてふさわしい身だしなみに気を配らなくてはなりません。相手を不快にさせず、会社のイメージアップをはかるためにも、身だしなみや立ち居振る舞い、そして表情に気を配ることは重要です。

（1）身だしなみのポイント

身だしなみとは、服装だけでなく言葉遣いや態度も含みます。相手に不快な印象を与えないこと、礼儀作法を守り、身なりを整えることが大切です。

①清潔感があること

何よりも清潔感が大切です。襟元や袖口の汚れ、裾のほつれ、靴の泥汚れなどには常に気を配ります。

②機能的であること

仕事の場であることを考え、動きやすくビジネスにふさわしい服装にします。華美なアクセサリーは動きの邪魔になるため、つけないようにしましょう。

③控えめであること

自分なりの個性を主張するおしゃれではなく、相手から信頼される身だしなみを心がけます。

④調和していること

自分の立場や場所をわきまえ、周囲と調和した服装を心がけます。
時計やかばんはスーツと調和したものを選びましょう。

（2）身だしなみチェックポイント

<男性用>

頭 髪	清潔そうで、すっきり整えている（襟足、耳にかかっていない）
	髪の色は明るすぎない
	フケは落ちていない
	寝グセはついていない
顔	ひげはきれいに剃られている
	歯は磨いてある
爪	短く切り揃えている
	爪アカは溜まっていない
服 装	ネクタイの結び目は緩んでいない
	ズボンの折り目はきちんとしている
	服装は職場の雰囲気に合っている
	スーツにしわ・ほころびはない
	ズボンからシャツは出ていない
	襟や袖口は汚れていない
腕時計	職場にふさわしいデザインである
靴 下	服装に合わせた色である（白のソックスは不適当）
	たるみはない
靴	色、形は、職場に合っている
	磨いてある

<女性用>

頭 髪	お辞儀をした時に、髪が邪魔にならないように留めている
	髪の色は明るすぎない色にしている
	肩より髪が長いときは、後ろで束ねている
メイク	ナチュラルメイクにしている（ノーメイクは不適当）
	アイメイク、口紅は薄化粧にしている （濃いアイライン・アイシャドウ、口紅、グロス、つけまつげ、ラメが入ったものは不適当）
爪	短く切り揃えている（OA 操作に支障がない）
	マニキュアは派手な色ではない（ネイルアートは不適当）
服 装	スカート丈は短すぎないようにしている（膝丈がベスト）
	スリットは深すぎないようにしている（20 センチ以内）
	服装は職場の雰囲気に合わせている
ストッキング	服装に合った色である（カラータイツは不適当）
	伝線していない（予備の一足をバッグに入れている）
靴	色・形は、職場、服装に合わせている（ヒールは 3 〜 5 センチ）

（3）表情

　職場では「感じの良い」「さわやかな」表情を心がけます。上司に対しては「落ち着き」「親しみ」のある表情が求められます。表情のポイントは、目尻と口角です。

　「感じの良い」「さわやかな」表情を作るには、目尻を少し下げ、口角は少し上げ、優しいまなざしで相手の目を見ます。「落ち着き」「親しみ」の表情を作るには、視線をキョロキョロさせず一定に保ちます。緊張すると視線は定まらず不安定になり、気を緩めると口角が下がります。

　無意識のときの表情がとても厳しくなっていることもあります。日頃から鏡に自分の表情を映し、表情チェックの習慣をつけるようにしましょう。

親しみやすい表情　＝笑顔

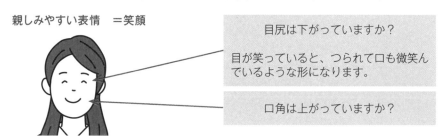

目尻は下がっていますか？

目が笑っていると、つられて口も微笑んでいるような形になります。

口角は上がっていますか？

　笑顔には相手の警戒心を解き、人を引き付ける効果があります。

（4）立ち居振る舞い

①立ち姿

・頭、肩、腰、踵（かかと）を壁につけたとき一直線になるようまっすぐ立つ。

・あごは地面と平行になるようにする。

・肩はどちらかに傾かないように左右対称にする。

・手は指先までそろえ、身体の脇に下ろす。（男性はズボンの縫い目に親指を沿わせるようにすると姿勢が良くなる）

・足は、踵をそろえる、両膝をつける。

②歩き方

・視線を定めて水平の高さを見る。（キョロキョロしたり下を見て歩いたりしない）

- ・膝は伸ばす。（膝を曲げて歩くとだらしない印象になる）
- ・背筋を伸ばし、足を引きずらない。靴音が響かないように注意する。
- ・あごは引き、しっかりと前方に視線を向けて、1本の線の上を中心に歩く。

③座り方
- ・背筋を伸ばし、横から見たときに背骨・太もも・ふくらはぎの3つの部分が直角になるように座る。
- ・背もたれに寄りかからないようにする。
- ・男性は、両足を肩幅に開き左右平行にする。手はこぶしを握りももの上に置く。
- ・女性は、足先、踵、膝はそろえ、手は重ねてももの上に置く。

④視線
- ・視線は、キョロキョロ動かさない。（落ち着きがない印象で不適当）
- ・話すとき、聞くときは相手の額から胸元の位置に視線を置く。

（5）物の受け渡し

名刺や書類などを渡すとき、受け取るときには次のことに気をつけましょう。
- ①大切なものは**胸の位置**で
- ②必ず**両手**で
- ③**相手の方に**向きを変えて、『Heart to Heart』
- ④渡すときも受けるときも相手の目を見て、**笑顔**で
- ⑤渡すときは「**よろしくお願いいたします**」

    受けるときは「**ありがとうございます**」

4 挨拶と美しいお辞儀

Point 挨拶には「心を開いて相手に近づく」という意味があります。人と出会うときも、職場の1日もすべて挨拶から始まります。挨拶は人間関係の潤滑油であり、仕事をスムーズに進め、チームワークを良くするために欠かせないものです。

（1）相手に好感を持たれる挨拶

挨拶には、相手に親近感、安心感を与える、会話のきっかけになる、場の雰囲気を和ませる、心を開くきっかけになるなどの効果があります。

①挨拶のポイント

挨拶は、コミュニケーションの糸口であり、人間関係を円滑にするために欠かせないものです。

あ 　…明るい笑顔と声で、相手の目を見る

い 　…いつでも

さ 　…（相手より）先に

つ 　…（挨拶言葉に）続けて一言添える

②基本の挨拶言葉

出社したとき	おはようございます。
お礼を言うとき	ありがとうございます。
仕事の指示を受けるとき	はい、かしこまりました。
謝罪するとき	申し訳ございません。
相手に待ってもらうとき	少々お待ちください。
相手を待たせたとき	お待たせいたしました。
相手の気遣いへのお礼	恐れ入ります。
外出するとき	○○まで、行ってまいります。
外出先から戻ったとき	ただいま、戻りました。
退社するとき	お先に失礼いたします。
外出する先輩に声をかけるとき	いってらっしゃい。お気をつけください。

外出先から戻った上司に声をかけるとき	お帰りなさい。お疲れ様でした。
廊下で人を追い越すとき 人が乗っているエレベーターに乗るとき	失礼します。
先輩に仕事を教えてもらうために、声を かけるとき	お仕事中、失礼いたします。 ただいまお時間よろしいでしょうか。

（2）美しいお辞儀

　お辞儀とは、「あなたにお会いできて嬉しいです」「あなたに敬意を持って
います」という気持ちをボディランゲージで伝えるものです。状況に合わせて、
心を込めた丁寧なお辞儀が相手の心を動かします。

◆美しいお辞儀の仕方

　①正しい姿勢で立つ

　②相手の目を見て挨拶言葉を言う

　③腰から上半身をまっすぐ倒す（首が曲がらないようにする）

　④下げたところで一呼吸止める

　⑤倒すときよりもゆっくりと上半身を上げる

　⑥もう一度、相手の目を見る

◆語先後礼と同時礼

　語先後礼（先言後礼）とは、言葉と動作を分けて行うことです。相手の
目を見て言葉を伝えた後、お辞儀をします。言葉と同時にお辞儀をする同
時礼より丁寧な印象を与えます。

第２編　コミュニケーション

（3）お辞儀の種類と使い分け

お辞儀には3種類あり、状況に応じて使い分けます。

①会釈（目線は2メートルくらい先）

廊下やエレベーターなどで人に会ったとき、会議室や応接室へ出入りする際のお辞儀

②敬礼／普通礼（目線は1.5メートルくらい先）

お客様の送迎や、訪問先での挨拶など、一般的なお辞儀

③最敬礼（目線は1メートルくらい先）

感謝や謝罪、訪問先からの退出の際などにする最も丁寧なお辞儀

会釈	敬礼（普通礼）	最敬礼

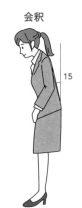  

「失礼いたします」　　　「いらっしゃいませ」　　　「ありがとうございました」
「恐れ入ります」　　　　「よろしくお願いいたします」　「大変申し訳ございませんでした」

社外の人とのコミュニケーション

1 顧客満足を考える

Point　社外の人とのコミュニケーションでは、自分の行動によって会社が評価されることを理解しておくことが重要です。お客様に満足していただける行動をとることができるように気をつけましょう。

（1）顧客満足とは

　顧客満足（CS／Customer Satisfaction）とはお客様に満足していただくことです。

　どのような業界であれ、自社の商品やサービスを利用してくれる人はお客様です。以前は、『お客様第一主義』（Customer First）を掲げ、「お客様を第一に考えています」「お客様のためなら何でもします」という企業が多くありました。一方現在では、お客様の求めに応じるのは当たり前、さらに気配りや機転を利かせてプラスアルファのサービスをすることで、お客様に「快適で良かった」「とても満足した」と思っていただける『顧客満足／CS』を実践する企業が増えています。

　今後はさらに「こんなことまでしてくれるなんて感激！」と言われるような、お客様に感動していただくサービス『お客様感動』（CD／Customer Delight）が注目されてくることでしょう。これは、マニュアルで定めた杓子定規の対応ではなく、お客様一人ひとりに合わせ、お客様のことを大切な存在として「心配り」をしていくことです。

　お客様の立場に立った接遇力の向上、お客様に信頼される企業にふさわしい接遇の実践が求められます。

第2編　コミュニケーション

（2）接遇力を発揮する

　接遇とは、その場限りの応対にとどまらず、相手に対して最良のサービス（心遣い）をし、最大の満足を与えることで、好ましい人間関係を作り出すことです。人は期待以上のことをされると満足し、期待していたことが実行されないと不満を持ちます。これがクレームに発展することもありますので気をつけましょう。

（3）接遇のポイント
①イメージアップにつながる身だしなみ
　仕事に取り組む「心の姿勢」が表れます。

　清潔感があり、働きやすく、機能的であることがポイントです。
②安心感を与える声掛け、話し方
　声の調子、声の高低、声の大きさ、速さ、口調などに気をつけます。
③親しみやすい笑顔、やさしいまなざしの表情
　笑顔には緊張感や不安感を和らげ、相手の心を開く効果があります。応対の初めと終わり、相手の反応を見るとき、挨拶や返事のときに笑顔で接することで、言葉よりも心を伝え、相手の心の温度を上げる効果があるといわれます。
④相手目線の対応、態度
　お客様を大切に思う気持ち、誠意、伝えなければならないことも、態度で表現することが大切です。「"何を"言われたか」という内容だけではなく、「"どう"言われたか」で相手の反応が変わります。

2 社外交流のエチケット

Point

キャリアを積むにつれ、仕事関係の知り合いが増え、社外の人との交流が広がってきます。一歩外へ出ればそこは公の場であるということを意識して、社外交流のエチケットをよく理解して行動するようにしましょう。

（1）社外交流の留意点

　仕事の経験が増えると、さまざまな人と知り合うことになります。明るい人の周りには人が集い、情報が集まり、ビジネスチャンスにつながることが多くなると言われます。良い人間関係、信頼関係を築くことで、さらにビジネスチャンスが広がります。そのためにも社外コミュニケーションを活用していきましょう。

　社外交流する相手には、得意先の方、外注先の方、お客様（利用者）、同業他社の方、社外研究会のメンバーの方、関係者の紹介による方などが考えられます。

　社外交流の留意点としては次のことが考えられます。

①仕事関係で知り合った以上、あくまで一線を引いた礼儀正しい態度で接する

②社内情報を話さない（商品開発、営業方針、社内の人間関係、人事、仕事の愚痴など）

③仕事に役立つネットワークを広げるようにする

④会社の一員であることを忘れない（名刺は常に持参する）

⑤接待の申し出や贈答品などを受けた際は、すぐに上司に報告し、指示を得る

（2）訪問先での留意点

　訪問は相手の時間をいただくものなので、用件は速やかに済ませるようにします。

①訪問前に用件を箇条書きにメモしておく

　効率よく話を進めるために、また用件を忘れないためにも、順序よく用件を箇条書きにしておきましょう。

②仕事での訪問なので用件は早目に切り出す

　日頃の愛顧に感謝して、まずはきちんと挨拶をしますが、用件は早目に切り出しましょう。「本日、参りましたのは、○○の件についてでございますが……」「先日メールでご連絡いたしましたように、本日○○の件で伺いました。早速ですが……」などと言うとよいでしょう。

③用件が終わったら、いとまを告げる

　仕事の話が終わったら、速やかに引き上げます。最後の挨拶は、「本日はお忙しいところ、お時間をいただきましてありがとうございました」「本日はこれより他に回る用事がございますので、失礼させていただきます」などと言います。

（3）接待での留意点

　顧客との取引を深めるために、企業間で接待という仕事があります。接待の目的は、取引成立のための手段の一つ、取引先関係者と社員との人間関係強化、取引成立のお礼などが考えられます。接待は飲食を共にすることだけではなく、ゴルフや催事への招待などもあります。

◆接待での留意点

①事前に相手の趣味・嗜好を調べておく

　顧客が喜ぶ話題や食事・酒の好みなどを押さえておき、場所の設定を考えます。

②相手の家族構成、出身地など情報を集める

　営業担当者などから、和やかな雰囲気づくりのための話題を聞いて準備します。

③相手が主役であることを忘れない

　接待は仕事であることを忘れずに、相手が楽しんでくれることに心配りする。

④身だしなみ、テーブルマナーは完璧にする

　清潔感あふれる身だしなみに気をつけ、部屋の席次（上座に顧客が座る）、食事や飲み物を勧めること、顧客より先に食べ始めないことなどマナーを心がける。

⑤誠意を持って接し、けじめある行動をとる

　酒席であっても、仕事であることを意識して、なれなれしくしたり、仕事の愚痴を言ったり、飲みすぎたり、社内の情報を話したりしないようにする。

3 上手なコミュニケーションのコツ

Point

社外の人とのビジネスコミュニケーションをスムーズに進めていくためには、相手に理解してもらい、納得を引き出す説得力ある話し方が必要になります。ビジネスコミュニケーションスキル向上のためにも、説得力あるコミュニケーションを学びましょう。

（1）効果的なコミュニケーションの進め方

　コミュニケーションの目標を明確にします。組織や自分の目標を達成するために、コミュニケーションを通して、相手に同意、納得してもらう必要があります。そのためには、コミュニケーションの目的、相手の特徴や要望、使用できる時間を確認して、コミュニケーションの目標を明確にします。目標が明確になることで、よりよい手段を検討することができます。限られた時間の中で相手の納得を得るためには、相手のメリットを明らかにすることが効果的です。

◆効果的なコミュニケーションのために準備すること

①達成すべき目標に合わせて内容を具体化していく

　相手の要望を把握し、目標達成のために必要な内容をまとめておきます。相手の知識や関係性の度合いが低い場合は、基本的な事項の説明を加えますが、その逆の場合は省きます。相手が問題解決（ソリューション）を求めているときと、今後の将来展望（ビジョン）を検討しているときでは、提案することや、具体例など話す情報が変わってきます。

②相手のメリットを明らかにする

　相手のニーズ（要望や期待）が何かを把握し、相手にとってのメリット（利点・価値）を明らかにしていきます。

③内容にあわせてコミュニケーションの方法を検討する

　コミュニケーションの目標と内容、相手のニーズや関心などを考えて、最適なコミュニケーション方法（説明する・実演する・意見を聞く・質問を受ける・質問する・意見交換する・討議するなど）を検討し、組み合わせます。

④時間配分を考える

あらかじめ話す内容と時間配分を考え、プランなどを作成します。質問を受けたり、意見交換をする際には余裕を持ったプランを考えましょう。

（2）効果的な伝え方

その説明は、自分のためか、相手のためかを考えます。聞き手への心遣いがなく、自分が伝えることを優先しては相手に内容を伝えることはできません。

伝える	伝わる
自分が伝えたい情報を届ける。 自分本位で話すため、 相手に自分の伝えたいことが ほとんど伝わっていない状態	自分の話す内容を整理し、 相手本位で話す。 相手に自分の伝えたい事が きちんと伝わっている状態

一番大事な目的は「相手に分かってもらう」ことであり、「相手に分かってもらおう」という気持ちです。

（3）分かりやすい話の組み立て方
①ホールパート法

WHOLE　　導入　　全体
「本日の説明は3点あります。」
まず、1点目は……。2点目は、……。3点目、……です。
PART　　本論　　部分
1点目については……(詳しく述べる) 2点目については……(詳しく述べる)、そして3点目については……です。
WHOLE　　要約　　結論
以上、1点目はこういうこと、2点目はこういうこと、3点目はこういうこと、以上三つのことを説明しました。

② PREP法

POINT　　　導入結論
「〜に関しての結論は〜です」
REASON　　理由
「なぜならば、〜だからです」
EXAMPLE　具体例
「例えば、具体的には〜です」
POINT　　　最終結論
「だから、〜ということになります」

（4）説得力ある話し方

　ビジネスで話をするときに重要なことは、「熱意」と「論理性」です。目的と目標を明確にして、相手の思いを察して話すことです。また、自分が内容を十二分に理解してから話すことと、自分が分かりすぎていることは伝わりにくいということに気をつけます。

◆説得力ある話し方のポイント
　①自分が理解した上で話す
　②文章はできるだけ短く区切る
　③相手の理解度、疑問点の有無を確認する
　④相手の表情や態度に注目する
　⑤プラスとマイナスを分け、どちらも伝える

　相手の用件・感情を理解して、言葉としぐさからその人の心を読み取り、自分の考えや思いを伝えるようにします。

CASE STUDY 3

事例紹介

　4月、新人研修も終わり、今年入社したCさんは同期のMさんと二人、営業部に配属になった。この会社は社員コミュニケーションを向上させるために社内のサークル活動が活発に行われている。ゴルフが好きなCさんは、早速ゴルフサークルに入会した。

　月末の金曜日、夕方6時からゴルフサークルの新人歓迎会が会社から徒歩30分ほどのレストランで開催されることになっている。ところが、4時過ぎになって、Cさんは課長から顧客リストの整理を指示された。5時を少し過ぎた頃、Cさんはこの仕事を終えるにはまだ2時間くらいかかると分かった。

　事情を知っているMさんが「いいよ、代わりにやっておくから、歓迎会に早く行って。今度他の仕事で手伝ってくれればいいから」と言ってくれたが…。

Best! な対応

　この事例のCさん、Mさんの問題点を考えてみましょう。

◆ Cさん

①課長から指示を受けた際に、期限を確認していませんでした。

②仕事に取り掛かる際に計画を立てないまま、仕事に取り掛かっています。
　（業務遂行時間の予測ができていません）

③課長に状況を報告していません。（相談することを考えませんでした）

◆ Mさん

①「今度自分の仕事を手伝ってくれればいい」と勝手に仕事担当を決めています。

②Cさんの助けになろうとしていますが、友情と組織の一員としての行動を混同しています。

　さて、Cさんは今後の対応としてどのような点に気をつければよいのでしょうか。

①仕事の指示を受けたときには、必ず仕事の納期を確認しましょう。

②上司に事情を話すこともできます。勝手に他の人に任せるのではなく、上司が判断して他の人に依頼してくれることも考えられます。

③業務の優先度を考えることも大切です。状況によっては残業をしても仕事を仕上げなければなりません。その際には、歓迎会に遅れて行くこと、または欠席することを理由も合わせてサークルの主宰者に連絡しましょう。

④仕事は終了した際に上司（指示をした人）へ報告します。時間がかかるときや終業時間に間に合わないと分かったときその時点で中間報告することも忘れないようにしましょう。

⑤仕事に関しては一人で抱え込まずに、部下は上司に「報告」「連絡」を行います。場合によっては「相談」することも大切です。ビジネスコミュニケーションではこの「報告」「連絡」「相談」（ホウレンソウp.154参照）が大変重要です。

1️⃣ ビジネスコミュニケーションでは「報告」「連絡」「相談」を実行しましょう。

2️⃣ 仕事で確実な成果を出し、進歩していくために、PDCAサイクルを身に付けましょう。

PDCAサイクル

　PDCAとは、Plan（計画）、Do（実行）、Check（評価）、Action（改善策）の頭文字をとったものであり、この流れを繰り返すことによって、効率よく、かつ確実に仕事をこなしていくことができるようになります。

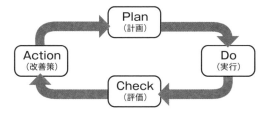

① Plan（計画）　…不測の事態がおきることも想定し、時間的に余裕のある計画を立てる。それぞれの仕事の優先順位も考慮に入れるとよい。

② Do（実行）　…立てた計画にそって実行する。

③ Check（評価）　…実行しながら、その状況を確認する。もしも問題があれば、ここで見つけ出すことができる。

④Action（改善策）…再び同じ問題が起きないように処置・対策を考え、次からは円滑に進められるように工夫する。

敬語の種類と適切な使い方

1 尊敬語、丁寧語、謙譲語を使い分ける

Point

ビジネスの場では多くの人が、その組織や企業の目標達成のために力を合わせています。そのため仕事では年齢、職位、立場や状況に合わせ適切に敬語を使い分けることで、円滑なコミュニケーションをはかる必要があります。

（1）敬語とは

　敬語は、相手の立場や人格を尊重し、相手に対する敬意を表す言葉のことです。ビジネスの場での言葉遣いは敬語が基本です。敬語を正しく使いこなすことで、相手との会話も円滑に進み、相手から信頼を得ることにもつながります。

（2）敬語の種類

　敬語は大きく分けて3種類あります。相手や状況に合わせて使い分けましょう。

◆**尊敬語**…相手の動作や状態を高め、相手に敬意を表す言葉

　①「お（ご）〜になる」に置き換える

　　「話す」→「お話しになる」、「書く」→「お書きになる」など

　②「れる」・「られる」をつける

　　「話す」→「話される」、「書く」→「書かれる」など

　③慣用語的な別の言葉に置き換える

　　「言う」→「おっしゃる」、「いる」→「いらっしゃる」など

　④「お（ご）〜くださる」に置き換える

　　「待つ」→「お待ちくださる」、「書く」→「お書きくださる」など

◆**謙譲語**…自分や身内（社内・家族）の動作や状態をへりくだり、間接
　　　　　的に相手に敬意を表す言葉

　①「お（ご）〜する」「お（ご）〜いたす」に置き換える

「話す」→「お話しする」「お話しいたします」など

②慣用語的な別の言葉に置き換える

「言う」→「申す」、「いる」→「おる」「おります」など

③「お（ご）〜いただく」に置き換える

「話す」→「お話しいただく」、「案内する」→「ご案内いただく」など

④「お（ご）〜願う」に置き換える

「送る」→「お送り願う」、「持つ」→「お持ち願う」など

◆**丁寧語**…言葉や文章の言い回しを丁寧にし、相手に敬意を表す言葉

①文末を「です」「ます」にする

「行く」→「行きます」、「田中だ」→「田中です」「田中でございます」など

尊敬語・謙譲語の活用表

普通語	尊敬語	謙譲語
言う	おっしゃる	申す・申し上げる
する	なさる	いたす
いる	いらっしゃる・おいでになる	おる
聞く	お聞きになる	伺う・承る・お聞きする・拝聴する
見る	ご覧になる	拝見する
会う	お会いになる	お目にかかる・お会いする
行く	いらっしゃる	伺う・参る
来る	いらっしゃる・おいでになる お見えになる・お越しになる	伺う・参る
食べる	召し上がる	いただく
もらう	お受けになる	頂戴する・いただく・賜る

（3）間違えやすい敬語

①尊敬語と謙譲語の混同

・（上司に）新製品のパンフレットを<u>拝見していただけましたか。</u>

→ご覧いただけましたか。

・（店長に）その件については、リーダーに<u>伺ってください。</u>

→お尋ねください。

・（課長に）会議には資料を<u>ご持参ください</u>とのことです。

→お持ちください。

②二重敬語…丁寧過ぎて、かえって失礼になる表現

・課長がそのように<u>おっしゃられました。</u>

→おっしゃいました。

・課長はさきほど<u>お帰りになられました。</u>

→お帰りになりました。

・店長は<u>ご出社なされましたか。</u>

→ご出社になりましたか。出社されましたか。出社なさいましたか。

2 職場での言葉遣い

Point

同じ社内とはいえ「親しき仲にも礼儀あり」です。良い人間関係を保つために、適切な言葉遣いを具体的に覚えていきましょう。

（1）改まった言葉

敬語とあわせて使うことで、より丁寧な印象になります。以下は一例です。

通常の言葉	改まった言葉
今日（きょう）	本日（ほんじつ）
明日（あした・あす）	明日（みょうにち）
明後日（あさって）	明後日（みょうごにち）
去年（きょねん）	昨年（さくねん）

昨年（わととし）	昨年（いっさくねん）
今（いま）	ただ今
今回（こんかい）	このたび
さっき	先ほど
この前	先日
後で	のちほど
こっち、そっち、あっち	こちら、そちら、あちら
わたし、わたしたち	わたくし、わたくしども
男の人、女の人	男性の方、女性の方
この人、あの人	こちらの方、あちらの方
相手の同伴者	お連れ様、お連れの方
誰・どの人	どちら様、どちらの方
ちょっといいですか	少々お時間よろしいですか
忙しいところ悪いんですが	お忙しいところ恐れ入りますが
どうでしょうか	いかがでしょうか
できません	できかねます、いたしかねます
何の用ですか	どのようなご用件でしょうか
もう一度言ってください	もう一度おっしゃっていただけますか

（2）社内での言葉遣い

　言葉遣いは心遣いといわれます。適切な言葉で話すことで敬意を表現したり、相手に伝えるべき内容をきちんと伝えたりできます。

　好感を持たれる言葉は、明るい声での「**はい**」という返事、指示や命令を受けた際の「**かしこまりました**」、感謝の気持ちを伝える「**ありがとうございます**」です。

　ビジネスシーンで上司や社内の人に話す際には、**尊敬語**、**謙譲語**を正しく使うようにしましょう。以下に具体例を示します。

　　・課長、新商品説明会の件は、明日話します。
　　　→　課長、新商品の件は、明日（みょうにち）お話しいたします。
　　　　（「話す」を謙譲語にする）
　　・部長の時間が空いていたら、課長が来たいと言っているが、どうしますか。
　　　→　部長がお手すきでしたら、課長がおいでになりたいと言われていますが、いかがなさいますか。
　　　　（「来たい」「言う」「する」を尊敬語にする）
　　・店長、打ち合わせには資料を持ってきてください。
　　　→　店長、打ち合わせには資料をお持ちください。
　　　　（「持つ」を尊敬語にする）
　　・急いでコピーするから、ちょっと待ってほしいんですけど。
　　　→　至急コピーいたしますから、少々お待ちいただけますでしょうか。
　　　　（「する」「待ってほしい」を謙譲語にする）
　　・店長、会議には何時に行くのですか。
　　　→　店長、会議には何時にいらっしゃいますか。
　　　　（「行く」を尊敬語にする）
　　・所長、報告するのを忘れました。すみません。
　　　→　所長、ご報告することを失念いたしました。申し訳ございません。
　　　　（「すみません」は「申し訳ございません」）
　　・課長、会議出席ご苦労様でした。
　　　→　課長、会議出席お疲れ様でした。
　　　　（上位者に「ご苦労様」は失礼になる）

・店長が言ったマニュアルは、私が持って来ます。

　　↳　店長がおっしゃったマニュアルは、私が持って参ります。

　　　（「言う」を尊敬語、「来る」を謙譲語にする）

・課長、支店から来た人を、応接室にお連れしました。

　　→　課長、支店からいらっしゃった方を、応接室にご案内いたしました。

　　　（「連れていく」は失礼なので「ご案内いたしました」にする）

・その件については、私は知りません。課長は知っていますか。

　　→　そちらの件については、私は存じません。課長はご存じですか。

　　　（「知りません」を謙譲語に、「知っていますか」は尊敬語にする）

・来週の出張について必要なことを教えてほしいです。

　　→　来週の出張に関しまして、必要なことを教えていただけますでしょうか。

　　　（「教えてほしい」を謙譲語にする）

状況に合わせた話し方①

1 分かりやすい話し方と上手な聞き方

> **Point**
>
> ビジネスでは、コミュニケーションの目的に合わせた効果的な話し方が求められます。相手や状況にマッチした正しい敬語表現はもとより、話し方、聞き方のスキルをアップさせることで仕事の成果が上がることでしょう。

（1）上手な聞き方

　話し手と聞き手がいて、会話は成立します。話し手が話をしても、それを受け止めてくれる相手がいないとコミュニケーションは成り立ちません。「話し上手は聞き上手」といわれるように、誠意や愛情を持って話を聞くと、相手は好感を持って、気持ちよく話すことができます。相手の話を理解しようとして一生懸命聞く人は、相手の気持ちを理解してから話すので、自然と話し上手になることができます。相手の話を上手に聞くことができれば、会話がスムーズに進み、相手と良い関係性を作ることができるようになります。

◆聞き方のポイント

　　①うなずく、あいづちを打つなど、相手の話を熱心に聞く
　　②自分勝手な先入観をもたないで、相手の真意を汲み取る
　　③無意識の無視をなくすようにして、共感的傾聴を心がける

（2）分かりやすい話し方

　「話す目的」や「話す内容」を決める主体は話し手ですが、どのように話すかという「話し方」を決めるのは聞き手といえます。話したい内容を正しく伝えるためには、聞き手の受け止め方やレベルに合わせて話す必要があります。

　話の効果を上げるためには、人間関係も影響してきます。同じ話でも話し手と聞き手の人間関係が良いと話が伝わりやすくなります。話し方で人間関係が悪くなることもありますので、誠実な話し方を心がけることが大切です。

◆話の効果を上げるポイント

①**明るい表情、適度な身振り、礼儀正しい態度**

聞き手の目を見て姿勢正しく話す。

②**分かりやすい言葉、表現**

5W3H（p.156 参照）にそって、数字を含めて具体的に表す。外国語や専門用語は相手に合わせ、場合によっては他の言葉に言い換えて説明する。

③**ショートセンテンスの活用**

内容を箇条書きにして、簡潔にまとめる。

④**結論→理由→具体例→結論（PREP法）**

話す順序をあらかじめ考えておく。

⑤**聞き取りやすい声の大きさ、速さ、正しい発音**

正しい発声と明瞭な声で、“間”を上手にとりながら話す。

2 指示の受け方、報告の仕方

Point　仕事は指示を受けること（受命）から始まり、PDCA サイクル（p.47参照）で実施し、報告することで完了します。効率的に仕事を処理するためにも、適切な指示の受け方、適切な報告の仕方を身に付けましょう。

（1）指示・命令の受け方

会社は組織で構成され、組織ごとに達成すべき目標を持っています。各組織の責任者である上司は組織の目標達成のため、一人ひとりの部下に役割を与えます。その具体的な形が指示・命令です。

◆**指示・命令の受け方のポイント**

①上司から呼ばれたらすぐに「はい」と返事をする

②メモと筆記用具を持って、上司のもとに行く

③上司の指示・内容は途中でさえぎらず、最後まで集中して聞く

④5W3Hにそって、要点を書きとめる（数字は特に正確に）

⑤不明点や疑問点は最後にまとめて確認する

⑥メモにそって、要点を復唱・確認する

⑦指示が複数あるときには、優先順位を上司に確認する

＜指示を受けるときの言葉遣い＞

「はい」と返事して、「何かご用でしょうか」と用件を聞く。

（2）報告の仕方

「仕事は指示・命令に始まり報告に終わる」といわれます。指示・命令を受けて、それを了解するということは、その遂行に関する責任を負うということです。その義務の中には報告も含まれています。

◆報告のポイント

①仕事が終わったらすみやかに報告する

②状況に応じて中間報告をする

③悪い知らせやマイナス情報ほど早く報告する

④指示・命令を出した本人に報告する

⑤相手の状況を見て、タイミングを見極める

⑥簡潔に、「結論→理由→経過」の順に報告する

⑦事実と意見を区別する

⑧必要に応じて、メモや文書など資料を添える

＜報告するときの言葉遣い＞

「○○についてご報告したいのですが、ただいまお時間よろしいでしょうか」

（3）「報・連・相」の重要性

上司からの指示・命令によって受けた仕事において、進行状況や結果を「報告」し、必要事項を「連絡」して、分からないことを「相談」することが重要です。それぞれ1字ずつ取って「報・連・相」（ホウレンソウ）と言います。

会社は目標達成のために、多くの人が協力・連携しながら仕事をしています。会社ではさまざまな情報が飛び交う中、最新かつ正確な情報を関係者が共有しておかないと仕事が円滑に進まず、お客様にも迷惑をかけることになります。仕事を円滑に進めるために、「報・連・相」（ホウレンソウ）は欠かせないものです。

（4）連絡の仕方

連絡には「情報として必要事項を知らせる連絡」と、「相手が確実に動いたことを確認するところまで見届ける連絡」があります。連絡は一方的に伝え

ればよいものではなく、相手に確実に「伝わること」を考え、未然にトラブルを防ぐ伝え方をします。相手に正確に伝達することが重要ですから、口頭で伝えた後に　①メモを渡す　②文書を添える　③メールを送る　など記録に残しておくと確実です。

◆連絡のポイント

①自分で連絡内容のメモを取っておく

話す内容が整理される。情報の伝達漏れや連絡ミスを防ぐ効果がある。

②連絡の目的や時間を前もって伝える

相手の気持ちが集中しやすくなる。

③相手が聞きたいこと、重要なことを最初に言う

ポイントが伝わりやすい。

④要点を整理して（5W3H）話す

相手がメモをとりやすく、理解しやすくなる。

⑤相手が復唱しないときは、自分がポイントを復唱する

聞き間違いを防ぐことができる。

（5）相談の仕方

相談とは、直面する問題や課題について、上司や先輩の仕事の知恵やノウハウなどを助言してもらうことをいいます。

仕事は常に前向きに取り組み、工夫して処理していくことが大切ですが、自力で解決することにこだわりすぎることで仕事が滞り、チーム全体に影響が出ては困ります。一人で抱え込まずに上司や先輩に相談して力を借りることも必要です。

◆相談のポイント

①相談は結論や答えをもらうものではなく、解決のための助言やヒントをもらうものだと考える

②自分でやれることはやってみて、自分なりの仮説や意見を持って相談する

③相談する相手に、事前に都合を確認する

＜相談するときの言葉遣い＞

「〜について相談したいのですが、お時間いただけますでしょうか」

相談後は、「貴重なアドバイスをありがとうございました」と感謝の気持ちを伝えます。

5W3H·········　What：やるべきことは何か
　　　　　　　　　　 Why：何のためにそれをするのか
　　　　　　　　　　 Who：誰に対してするのか、誰とするのか
　　　　　　　　　　 When：いつするのか、いつまでにするのか
　　　　　　　　　　 Where：どこでするのか
　　　　　　　　　　 How：どのようにするのか
　　　　　　　　　　 How much：予算・費用はいくらか
　　　　　　　　　　 How many：数量はいくつか

状況に合わせた話し方②

1 話し方・聞き方の応用

Point

ビジネスシーンでの目的をもったさまざまな話し方・聞き方の応用
として、説明、説得、注意・忠告、断り、苦情の対応などがあります。
対応のポイントを理解して、円滑に仕事を進められるようにしましょ
う。

（1）説明の仕方
・説明する内容を十分理解してから話す。
・分かりやすい言葉で順序よく話す。
・相手と共通の意味にとれる言葉で話す。専門用語・カタカナ語・外国
　語などは相手に合わせて使う。
・内容を予告してから話す。
・長い説明や複雑な内容のときは、途中で相手が理解していることを確
　認する。
・実物、模型、写真、図表などを活用して具体的に話す。
・重要なことや複雑なことは、要点を繰り返し話す。
・不明な点の質問を受ける、こちらから質問してみるなど、説明不足を
　補う。

（2）説得の仕方
・相手の不安（心理的・時間的な労力、デメリットなど）を取り除く。
・タイミングよく、相手に会うチャンスをつくる。
・相手が納得するまで繰り返し説得する。
・代理の人に依頼する。
・相手に断られそうな場合は先手を打つ。
・言葉の調子、態度などで意欲を示しながら話す。

（3）注意・忠告の受け方

- ・「申し訳ございませんでした。以後気をつけます」と素直に詫びる。
- ・言われた内容を冷静に受けとめ反省する。
- ・責任を回避しない。「だって」「どうせ」「でも」の３D（スリー）は避ける。

（4）注意・忠告の仕方

- ・事実をよく調べ、原因をつかみ、効果を予測する。
- ・タイミングを考え、なぜそうなったのか根拠を示し、改善策を示す。
- ・時と場所を考える。他の人と比較しない。人前で恥をかかせない。
- ・忠告した後は、効果を見守る。改善されないときは、繰り返し注意する。

（5）断るとき

- ・相手が納得できる理由を示す。
- ・誠実に最後まで相手の話を聞く。
- ・できれば代案を示す。
- ・「申し訳ございませんが、いたしかねます」「残念でございますが、お引き受けいたしかねます。ご了承ください」などと詫びの気持ちを述べる。

（6）苦情の受け方

- ・相手の苦情の内容を誠意を持って最後までよく聞く。
- ・言い訳や弁解ではなく、こちらの事情を冷静に伝える。
- ・お互いの立場や状況を理解しあい、相手に納得してもらえる対応策を考える。

社外の人への言葉遣い

1 状況に合わせた適切な敬語

Point

社会人の言葉遣いの基本は敬語です。社外の人と話すときの敬語は、礼儀正しく、相手に敬意を表すとともに、良い人間関係を保ち、仕事を円滑に進めるために必要なものです。社会人に求められる適切な敬語を、しっかり身に付けましょう。

第2編　コミュニケーション

（1）尊敬語と謙譲語の正しい使い方

　社外の人（お客様）とコミュニケーションするときには、社外の人のことは尊敬語、社内の人は上司も含め謙譲語です。

　次は社外の人に対しては間違った敬語の使い方です。

①尊敬語と謙譲語の混同

・その件については、総務課で<u>伺ってください。</u>

　　　　　　　　　　　　　　→お尋ねください

・こちらの案内書をどうぞ<u>ご拝見ください。</u>

　　　　　　　　　　　　→ご覧になってください。

・<u>桃井部長（上司）</u>はすぐ<u>いらっしゃいます。</u>

　→桃井（部長の桃井）　　→参ります。

・資料のご送付が遅れており、<u>ごめんなさい。</u>

　　　　　　　　　　　　　　→ご迷惑をお掛けいたしまして、申し訳ございません。

・<u>徳川課長（上司）</u>からお渡しするようにと<u>承りました資料です。</u>

　→課長の徳川　　　　　　　　　　→申し付かりました資料でございます。

・<u>徳川課長（上司）</u>にそう<u>お伝えします。</u>

　→課長の徳川　　→そのように申し伝えます。

②二重敬語

　尊敬語の「お○○になる」と「○○れる・○○られる」が一緒になることで、過剰敬語になり、不適切です。

・お客様が<u>お越しになられました。</u>

　　　　　→お越しになりました。

・お客様が<u>おっしゃられた</u>ことは、確かに承りました。

　　　　　→おっしゃいましたことは、

・来週の説明会には<u>ご参加なされますか。</u>

　　　　　　→ご参加になりますか。参加なさいますか。参加されますか。

（2）電話応対での言葉遣い

　ビジネス電話は声だけが頼りです。電話応対が会社のイメージに影響を及ぼします。「はい、○○でございます」と明るく元気に名乗り、語尾まで明瞭な発声で丁寧に応対します。分りやすい表現を使い、必ず復唱・確認するように心がけます。

①電話を掛けるときの言葉遣い

<相手が出たら>
1.「私、○○の＊＊と申します。いつもお世話になっております」
2.「恐れ入りますが、○○の◆◆様をお願いいたします」

<名指し人が出たら>
3.「お呼び立ていたしまして、申し訳ございません。私、○○の＊＊と申します。いつもお世話になっております。」
4.「□□の件でお電話いたしました。ただ今お時間よろしいでしょうか」

<用件が終了したら>
5.「よろしくお願いいたします」「ありがとうございます」

②電話を取り次ぐときの言葉遣い

1. 「はい、○○（会社名）でございます」
   * 午前 10 時 30 分までは「おはようございます。○○でございます」
   * 「お電話ありがとうございます。○○（店舗名など）でございます」
2. 「○○の◆◆様でいらっしゃいますね。いつもお世話になっております」
3. 「○○の＊＊でございますね。はい、かしこまりました。少々お待ちください」

＜保留（名指し人に向かって）＞
4. 「＊＊さん、○○の◆◆様からお電話です」

＜電話に出て＞
5. 「お待たせいたしました。＊＊でございます」
   「お電話代わりました。＊＊でございます」

③名指し人が不在のときの言葉遣い

1. 「はい、○○（会社名または店舗名など）でございます」
2. 「○○の◆◆様でいらっしゃいますね。いつもお世話になっております」
3. 「○○の＊＊でございますね。申し訳ございません。あいにく＊＊は、ただいま外出中でございます」（外出中の他には「出張中」「会議中」など、離席の際には「席をはずしております」と言う）
4. 「午後３時に帰社の予定でございますので、戻りましたら、お電話を差し上げるようにいたしましょうか。」
5. 「念のためご連絡先をお聞かせいただけますでしょうか。○○－○○－○○○○番、○○の◆◆様でいらっしゃいますね。かしこまりました。私、○○（部署名）の△△（名前）と申します」
6. 「＊＊が戻りましたら、◆◆様にご連絡するように、確かに申し伝えます」

   ＜用件を聞き、要点を復唱・確認する＞
   「復唱させていただきます」
   ＜挨拶し、相手が切るのを確認してから、静かに受話器を置く＞
   「私、○○と申します。ご用件確かに承りました」「○○に確かに申し伝えます」
   「お電話ありがとうございました」「失礼いたします」

④状況にあわせた言葉遣い

・相手の声が小さくて聞こえなかったとき
「申し訳ございません。お電話が少々遠いようですが……（もう一度おっしゃっていただけますでしょうか）」

・部署を間違えて掛かってきたとき
「恐れ入ります。こちらは○○課でございますが、どちらにお掛けでしょうか」

・自分では分らないことを聞かれたとき
「恐れ入りますが、私では分かりかねますので、担当の者と代わります」
「担当の者からご連絡を差し上げるようにいたします」

（3）ビジネスシーンでの言葉遣い

　尊敬語、謙譲語の使い方を間違えないようにして、取引先のお客様に用件を伝える際の適切な言葉遣いをまとめます。

・来客に「○○部長は席にいない」と言うとき
　→　「申し訳ございません。あいにく、ただいま○○は席をはずしております」

・来客に「約束していたのにすまない。よければ代理ではどうか」と言うとき
　→　「お約束をしておきながら申し訳ございません。お差し支えなければ代理の者ではいかがでしょうか」

・来客に「面談の予約をもらっていたかどうか」と尋ねるとき
　→　「恐れ入りますが、面談のご予約は承っておりましたでしょうか」

・行き先に迷っている来客を見かけたとき「どこへ行きたいのか、私が案内しようか」と言うとき
　→　「失礼でございますが、どちらをお訪ねでいらっしゃいますか。お差し支えなければ、私がご案内いたしますが……」

・来客に「自分では分からないので、担当者が代わりに話を聞くがどうか」と言うとき
　→　「申し訳ございません。私では分かりかねますので、担当の者が承るということでいかがでしょうか」

・上司（〇〇部長）のところへ来訪した予約客に「上司は急用で出かけた」と言うとき
　→　「お約束をしておきながら誠に申し訳ございません。部長の〇〇は急用のため出かけてしまいました。いかがいたしましょうか」

・来客に「これを渡すように、上司（〇〇部長）から言われてきた」と言うとき
　→　「こちらをお渡しするように部長の〇〇より申しつかって参りました」

・来客に「それについては〇〇部長に伝えておく」と言うとき
　→　「そちらの件につきましては、部長の〇〇に申し伝えます」

・電話口に出てもらった取引先の部長に「呼び出してすまない」と言うとき
　→　「お呼び立ていたしまして、申し訳ございません」

・取引先の部長に「〇〇部長は今日戻ってこないので、用件を聞いておこうか」と言うとき
　→　「〇〇は本日戻って参りませんので、お差し支えなければご用件を承りましょうか」

・取引先の部長に「〇〇部長は来週の月曜日に会いたいと言っている」と言うとき
　→　「〇〇は来週の月曜日にお目にかかりたいと申しておりますが、いかがでしょうか」

・取引先の部長に「〇〇部長が契約書の件はもう少し待ってほしいと言っているが都合はどうか」と言うとき
　→　「大変申し訳ございませんが、部長の〇〇が契約書の件はもう少しお待ちいただきたいと申しておりますが、ご都合はいかがでしょうか」

・取引先の部長に「納品期日について、なんとかしてもらえませんか」と言うとき
　→　「納品期日については、ご配慮願えませんでしょうか」

・取引先の部長に「明日の打ち合わせを延期してもらえるか」と言うとき
　→　「お差し支えなければ、明日の打ち合わせを延期していただけませんでしょうか。よろしくお願いいたします」

・アンケート用紙を渡し、「このアンケートに記入してください」と言うとき
　→　（アンケート用紙は両手で胸の位置から相手の胸の位置に渡す）「お手数ですが、こちらのアンケートにご記入いただけますでしょうか」

・そばの椅子を指し示して「この椅子に掛けて待ってください」と言うとき
　→　「恐れ入りますが、こちらの椅子にお掛けになってお待ちいただけますでしょうか」

・預かっていた書類を返すとき
　→　「お預かりしました書類をお返しいたします。ありがとうございました」

・「すまない」とお辞儀をして、「予約時間は過ぎているが、もう少し待ってもらえないか」と言うとき
　→　「申し訳ございません。予約のお時間は過ぎておりますが、もう少々お待ちいただけますでしょうか」

好感を持たれる話し方

1 コミュニケーションをより円滑に

Point 社会人として活躍するためには、相手から好感を持たれることが大切です。身だしなみ・表情・立ち居振る舞いに加えて、感じの良い話し方はコミュニケーションをより円滑にしてくれます。

（1）クッション言葉

　クッション言葉とは、相手に依頼をする際や相手からの要望に応えられないとき、会話の冒頭に添えることで、相手に及ぶ心理的な衝撃を和らげる役割をする言葉です。

①相手に声をかけるとき	「恐れ入りますが」「失礼ですが」
②相手の意向を尋ねるとき	「お差し支えなければ」「よろしければ」
③相手に手間や面倒をかけるとき	「お手数をおかけいたしますが」
	「ご面倒をおかけいたしますが」
④相手の誘いや依頼を断るとき	「申し訳ございませんが」
	「せっかくですが」
	「あいにく、残念ですが」

（2）依頼するときの言葉遣い

　相手に何かを依頼する場合、「～してください」は、依頼する側の意向を丁寧に伝えていますが、これは命令表現です。一方的な言い方になります。「～していただけますでしょうか？」と打診することで、最終判断を相手に委ねているため、一方的な押し付けという感じも薄くなり、双方向のコミュニケーションになります。

　クッション言葉を初めにつけると、さらに和らいだ感じになり、相手の立場や状況への配慮が加わり、より丁寧な依頼表現になります。

　・「少し、待ってください」

→　「恐れ入りますが、少々お待ちいただけますでしょうか」

・「伝言をお願いします」

　　→　「お手数ですが、伝言をお願いできますでしょうか」

・「あなたは誰ですか」

　　→　「失礼ですが、どちらさまでしょうか」

・「用件は何ですか」

　　→　「お差し支えなければ、ご用件をお聞かせいただけますでしょうか」

（3）会話のマナー

・会話のバランスを考え、話を独り占めしない。

・心をこめて積極的に聞く。

・話の腰を折ったり、あげ足をとったりしない。

・会話がとぎれたら、その空白をうめる努力をする。

・目線（アイコンタクト）に気を配る。

2 ワンランクアップの話し方

Point　社会人として仕事の関係者から「あなたがいてくれたから助かった」「あなたにお願いしたい」と言われることは、仕事への意欲にもつながります。ワンランクアップの話し方を学ぶことで、よりレベルの高いコミュニケーションが可能となり、それは仕事のやりがいや幸せにつながることでしょう。

（1）プラスの言葉を使う

　表情が暗く、コミュニケーションが上手にとれない人が使っているセルフトークは、「忙しい」「疲れた」「無理」「最悪・最低」「３Ｄ（だって・どうせ・でも）」が多いのではないでしょうか。表情が良く好かれる人が使っているセルフトークは、「ありがとう」「お先にどうぞ」「ちょうど良かった」「大丈夫」「ラッキー」などのプラスの言葉が多いのです。

　日頃の言葉遣いをプラスの言葉に変えることで、表情が良くなり、仕事もきっと成功に近づくことでしょう。

①マイナスワードをプラスに変換する

・「ない」否定形　→「ある」肯定形に

・「あと1時間しかありません」　→　「まだ1時間もあります」

・「私にはできそうもありません」　→　「時間をかけたらできそうです」

②終わりはプラスの言葉にする

・「向かっていますが、遅れます」　→　「遅れますが、向かっています」

・「この書物は分かりやすいのですが、とても高価です」

　　→　「この書物は高価ですが、とても分かりやすいです」

③相手への配慮を付け加える

・「荷物を持ってあげる」　→　「荷物を持たせて」

・「あなたでいいわ」　→　「あなたがいいわ」

・「また声をかけてください」　→　「また声をかけますね」

④ネガティブな気持ちをプラスで表現

・「まだこんなにやらなきゃいけない」→「これだけだから、よしやろう！」

・「もうダメ。できない」→「大丈夫。私ならやれる！」

・「そんな言い方しなくてもいいのに」→「そうくるのね。でもまだまだOK」

（2）交渉を成功に導くために心がけるポイント

①成功イメージを持つ

交渉時の自信のある態度や話しぶりが影響力を発揮します。必ず成功するというイメージをもって、交渉に臨むことが重要です。

②最善の交渉環境を設定する

交渉を有利に導くための、環境整備に最善を尽くします。TPO[1]は、交渉の成否に大きな影響を与えます。

③綿密な事前準備を行う

事前準備に十分な時間をかけます。相手の立場やニーズに合わせた最善の話し方とアプローチ法を考え、想定される場面を綿密にシュミレーションしておきます。

コミュニケーションを成功させるためには、清潔な身だしなみ、正しい敬語、礼儀正しい立ち居振る舞いなどマナーがとても重要になります。

····用語解説····

※1　TPO…TPO…Time（時間）、Place（場所）、Occasion（場合。Opportunity と使われることもある）の頭文字をとって、「時、場所、場合に応じた方法・態度・服装などの使い分け」を意味します。

事例紹介

　販売課のＤさんが商品を購入したお客様との電話を終えると、課長から話し方が大変失礼だと厳しく注意された。電話の内容は次のとおりである。

　＜今日は20日（月曜日）、取引先から注文したものをいつ発送したかとの問い合わせに、商品は17日に送ったということを電話で対応した内容である＞

　『僕は販売課のＤと言います。名前をいただけますか。スミダさんですね。すいませんが、スミの漢字を教えてもらえますか。ちょっと待ってください、今調べますから。もしもし、分かりました。その商品はジュウシチニチに送っています。いえ、11日ではなく17日です。もう少し待ってくれますか。よろしくお願いします。』

　Ｄさんの不適切な言葉遣いを、適切な言葉遣いにしましょう。

Best! な対応

　顧客、取引先の人など外部の人と話すときには尊敬語と謙譲語で話します。適切な敬語ではないＤさんの言葉遣いは大変失礼な話し方です。このままでは会社の信頼までも失うことになるでしょう。敬語をしっかり身につけることが重要です。

①名乗る　「私、販売課のＤと申します」

②挨拶「いつも大変お世話になっております」

　　　　「このたびはお買い上げいただきありがとうございました」

③相手を確認「失礼ですが、お名前を伺ってもよろしいでしょうか」

　　　　　　「恐れ入りますが、どちらさまでしょうか」

④漢字の確認「こざとへんの隅の隅田さまでいらっしゃいますでしょうか」

⑤お詫びと確認「誠に申し訳ございません。ただ今お調べいたします」

⑥待ってもらうとき「少々お待ちいただけますでしょうか」

⑦日程の確認「先週の１７日の金曜日にお送りいたしました。もう少々お待ちいただけますでしょうか」（イチとシチを混同されないよう注意する）

⑧最後の挨拶「お電話いただきありがとうございました。失礼いたします」
　電話応対に限らず、尊敬語・謙譲語をしっかり身に付けましょう。
　電話応対は声だけが頼りです。そのため日にちを伝えるときには、4（ヨン）、7（ナナ）など言い換え、「先週の7日の金曜日」「来週の18日の火曜日」など誤解のない言い方にも配慮します。
　相手の名前の漢字を尋ねるとき、自分の名前の漢字を伝えるときなどは、漢字の部首を伝えることで分かりやすくなります。

阝（こざとへん）	ネ（しめすへん）	衤（ころもへん）
忄（りっしんべん）	冖（わかんむり）	宀（うかんむり）
冫（にすい）	米（こめへん）	言（ごんべん）

1 電話応対、来客応対では「心の込もった」対応が重要です。相手に感じの良い印象を与えるようにしましょう。次のような対応はしないように十分に気をつけてください。
　・雑な言葉遣い　・話す内容が専門的で分かりにくい
　・話す内容がバラバラで話がすぐに飛ぶ
　・主語が分かりにくい　・横柄な態度
　・話し方が速くて聞き取れない
　・ボソボソと小さい声で話す
　・笑顔が少ない　・相手の目を見て話さない
　・事実に基づいて話さない

2 電話の上手な掛け方のコツを身に付けましょう。
　・名指し人が電話に出たら、「お呼び立てして申し訳ございません」「お電話をいたしましたのは、○○の件ですが」と何の用件であるかはっきりさせましょう。
　・話の内容によっては、「少し長くなりますが、ただいまよろしいでしょうか」と相手の意向を確認します。
　・名指し人が不在時は相手から要望を言われる前に、こちらから連絡の処置を申し出ます。「お急ぎでいらっしゃいますか。それでは○○に連絡をとってみますので、いったんお電話を切ってお待ちいただいてもよろしいでしょうか」

ビジネス文書の特徴と重要性

1 ビジネス文書の書き方と留意点

Point

ビジネス文書の目的は、仕事に必要な情報を伝達すること、関係者間で理解すること、文書化して記録に残すことなどです。必要な情報を分かりやすく、正確に伝達するために、ビジネス文書の特徴、書き方、留意点をしっかり理解しておきましょう。

（1）文書作成の手順

文書作成するときには、適切な手順にそうことが大切です。

①文書の目的に合わせ、主題を考える

②主題を説明するのに役立つ情報・材料を集める

③伝えたい内容を、読み手の立場に立って表現できるように、全体構成を考える。「結論」「重要事項」「相手に対応してほしい事柄」を文頭に持ってくる

④下書きをし、構成はよいか、誤字・脱字はないか、表現の不統一はないか、分かりにくい表現はないかなど推敲して清書する

⑤最終チェックをして、上司、指示をした人などに確認してもらう

（2）ビジネス文書の書き方のポイント

ビジネス文書は情報を正確に伝えることが重要です。分かりやすく、相手に内容が正確に伝わる文書にするために、次のことに気をつけましょう。

①文書の型を覚え活用する

②一つの文書には一つの用件（案件）のみにする

③文章は簡潔にし、箇条書きを活用する

④結論から先に書く

⑤必要な内容を、5W3Hにもとづいてまとめる

（3）正確な文章を書くためのポイント

正確な文章が書けるように基本的な表現方法を学びます。

①不要な語句を削除して書く

> 例　出欠の有無のご連絡は、同封の葉書で〇月〇日までにご連絡くだ
> さるようにお願い申し上げます。
>
> →　『のご連絡』を削除する

②文の形式に従う

> 例　課長は、おそらく新製品の企画を説明したいのだ。
>
> →　『説明したいのだろう』にする。断定でなく未然形「おそらく～だろう」

③同音異義語と異字同訓語を正確に使う

> 例　シュウトク物　技能のシュウトク　単位のシュウトク
> →　　拾得　　　　　習得　　　　　修得
>
> 例　成果をオサめる　商品をオサめる　騒ぎをオサめる
> →　　収　　　　　　納　　　　　　治
>
> 例　得意先回り　身の回り　社内を見回る　回りの人の意向
> →　「回りの人の意向」は「周囲の人の意向」と置き換えられますので、「周」になります。

④「以上」「未満」「超」の意味と使い方を身につける

> 例・1万円以下の出資金　→　1万円を含み、それより下ということ
> ・会議には課長以上が出席　→　課長を含み、それより上ということ
> ・12月31日以前に提出　→　12月31日を含み、それより前ということ
> ・人事発表は4月1日以降　→　4月1日を含み、それより後ということ
> ・関係者以外の入室禁止　→　関係者のみ入室してよいということ
> ・会議には課長始め5名出席　→　課長を入れて全員で5名ということ
> ・入場者は100名を超えた　→　100名は含まず、それより上ということ
> ・店長ほか3名が参加　→　店長の他に3名、全員で4名ということ
> ・5万円未満　→　5万円に未だ満たない。5万円を含まないということ

⑤数字の使い方を理解する

ビジネス文書では、日付・数量・番号・金額などはアラビア数字で書きますが、次のような場合は漢数字で書きます。

> ・固有名詞　　　地名、人命、会社名（九州、四国など）
> ・成語　　　　　慣用的に用いられる言葉、熟語（一般的、四捨五入など）
> ・概数　　　　　はっきりしない数字（数十枚、二、三か所など）
> ・ヒト・フタ・ミと読むとき（一言、お二人、三日など）
> ・ケタの大きな数字（万、億、兆など）

社内文書の種類と形式

1　ビジネス文書の種類

> **Point**
> ビジネス文書は大きく社内文書と社外文書に分かれ、社外文書の中に取引先との関係を良好にするためにやりとりする社交文書があります。それぞれの特徴や書き方を踏まえつつ、文書の目的や趣旨に合わせ、定型を決めて作成することで効率的に仕事を進めることができます。

（1）ビジネス文書の種類

◆社内文書

　社内の通達、業務上の報告・連絡を目的とした文書

◆社外文書

　取引先など外部関係者に対する文書で、取引関係文書と社交文書がある

（2）社内文書の種類と目的

　社内文書には、社内で用件が迅速に正確に伝達されることが求められます。儀礼的な表現はできるだけ省き、誰が読んでも分かりやすい形で書くことが大切です。そのため会社や部署で書式が決まっていることが多いものです。

文書名	目　的
報告書	調査や業務に関わる経過や結果を報告する。 例　日報や月報などの業務報告書、出張報告書、研修報告書など
稟議書 （りんぎ）	関係者に案件を回して承認や決裁を求める。 例　説明会開催の稟議書、○○購入の稟議書など
連絡文書	社内で協力を求めたり、業務の必要事項や業務の実施手順などの連絡や依頼をしたり、案内を伝える。 例　○○開催の連絡、○○調査の依頼など
通知書	必要事項を関係者に伝える。上層部が決定した指示や命令を関係する社員に伝える。 例　人事異動、採用通知書など

議事録	会議の内容・結論・経過・検討した事項などを記録する。 例　○○会議議事録など
提案書	会議の議案・企画・意見などを提出する。 例　新商品○○提案書、アルバイト研修概要の提案書など

2 社内文書の形式と作成のポイント

Point

社内間のコミュニケーションを円滑にする社内文書の作成ポイント
や形式を理解していきます。社内文書を作成するときの約束事、注
意点を学び、分かりやすい簡潔な文書を作成します。

（1）社内文書作成のポイント

①文書の書式どおりに用件を簡潔・明瞭に書く

②原則として横書きで書く（書いた部分がこすれないので紙面が汚れな
い、数字・外国語が書きやすいため）

③一般的に「です」「ます」体で書く

④頭語や時候の挨拶などの前文は省く

⑤受信者名、発信者名は職名のみでよい

⑥標題をつける(その末尾に (ご案内)など文書の種類をカッコで示すと
分かりやすい)

⑦本文は、できるだけ箇条書きにする

⑧敬語は最小限にする

（2）社内文書の形式と構成

＜前付け＞

①**文書番号**　文書作成を担当した部署と番号を表記する。

②**発信日付**　発信日を年月日で書く。一般的には「令和〇年〇月〇日」と元号を用いる。西暦では「2020年10月10日」「2020.10.10」と表記する。

③**受信者名**　文書の宛名を書く。「営業部長」「総務課長」など役職名を書き、氏名はつけない。同じ文書を複数の人に出すときは「各位」とする。

④**発信者名**　文書を発信する人を書く。組織単位、部・課・支店などの責任者、部長、課長にする。氏名はつけない。

＜本文＞

⑤**件名**(標題)　文書の内容を要領よくまとめたもの。最後に（案内）（通知）（依頼）などと文書の性質を表す言葉を書く。

⑥**本文**　文書の目的を簡潔にまとめて書く。「標記の件につきまして、下記のとおり」など「記」書きにして、文書内容を正確に分かりやすくするため箇条書きを活用する。

＜付記＞

⑦**追記**　「なお」で始まり、注意事項や補足事項を書く。

⑧**添付書類**　資料、図表、地図など添付資料があるときは、その名称と数を書く。

⑨**以上**　文書の締めくくりとして、担当者名の上に書く。

⑩**担当者名**　直接の担当者名（部署名）と連絡先（内線番号・メールアドレス）を書く。

社内文書の例

①文書番号

②発信日付

③受信者名

④発信者名

⑤件　名

⑥本文

記

1.

2.

⑦追記　なお、

⑧添付書類

1. ○○○ … 1部

2. ○○○ … 3部

⑨以　上

⑩担当者名

（内線番号）

（3）報告書

　報告書とは、業務や調査の結果などについて記述する書類のことです。業務日報や週報、月報、出張報告、調査報告などがあります。

研修報告書の例

令和○年○月○日

　営業部長　殿

営業部第一課

松岡　孝志

「ホスピタリティ研修」受講報告書

　このたび、標記の研修を受講しましたので、下記のとおり報告します。

記

1．日　時　　　　○月○日（　）〜　○月○日（　）の三日間
2．場　所　　　　○○○会館　研修室
3．テーマと講師　「ホスピタリティマインドと実践」

○○○　○○　（△△ホスピタリティ協会代表）

4．研修の目的と内容

目的：ホスピタリティマインドの理解と実践

内容：1日目　ホスピタリティの基礎知識、事例研究

2日目　第一印象の重要性、マナー五大要素

3日目　ホスピタリティの実践（ロールプレイング）

5．所　感

□□□□□□□□□□□□□□□□□□□□□□□□□□□□□□□□□□□□□

6．添付資料

レジュメ　　　　　　　　1部

以　上

（4）議事録

　議事録作成の目的は、関係者への会議の報告、会議の記録、議決事項を明確にするなどです。記載事項は次のとおりです。

- ・会議の名称
- ・開催日時・場所
- ・議長名
- ・出欠席者名
- ・議題
- ・経過・発言内容
- ・決定事項（議決事項）
- ・議事録作成者名

議事録の例

令和○年○月○日

新製品説明会準備会議議事録

記

1. 日　時　　9月7日（月）14：00～16：00

2. 場　所　　第1会議室

3. 会議の目的　　新製品「△△」説明会の開催計画と任務分担について

4. 出席者　　開発部長、開発課長、営業課長、企画課長、開発課山田

5. 議　題

　（1）新製品説明会の開催日、会場について

　（2）新製品説明会への招待者について

　（3）各課役割分担について

　（4）次回会議までの検討事項について

6. 決定事項

　（1）説明会開催日を11月第3金・土曜日、会場はみらいYXとする。

　（2）説明会準備のため、各課それぞれ役割を分担する。（添付分担表参照）

　（3）次回の準備会議を、10月5日（月）14時から同じ場所で行う。

　（4）各課で分担する役割の細目を、事前で討議し、次回会議に持ち寄る。

7. 添付資料

　各課役割分担表　　　1部

以　上

担当　開発課　山田

（内線○○、アドレス＊＊＊＊＊＊＊＊＊＊＊）

通知書の例

```
                                          総発0000号
                                       令和○年○月○日
社員各位

                                          総務部長


            OA機器メンテナンスの実施について（通知）


　本年はOA機器の順次入れ替えを計画しています。ついては、下記により
メンテナンスを行うので、承知してください。


                        記


1．日　時　　　　○月○日（月）　10：00〜16：00
2．施工業者　　　（株）小塚OAメンテナンス

　　　　　なお、メンテナンス中は、OA機器を使用できないので、注意してください。


                                          以　上
                        担当　総務課　市村

                          （内線　1234）
```

分かりやすいグラフ

1 グラフの種類と作成のポイント

Point グラフを活用することで、情報をより分かりやすく伝達することができます。4種類のグラフの特徴、グラフに記入する必要事項を押さえ、実際に作成してみることで、理解していきましょう。

（1）グラフに記入する必要事項

①標題、タイトルをつける

②引用資料の出所（調査機関名、調査時期など）を書く

③単位の明記を忘れない

棒グラフは一般的には縦軸に数量、横軸に属性や種類を書く。線グラフは一般的には縦軸に数量、横軸に時間をとる。

④基底を0にして、数値が空きすぎるところは中断記号を使う

⑤円グラフの項目は比率の大きいものより順に、基線から時計回りで記入する

アンケート調査などは数値に関係なく、「よい」「普通」「よくない」の順に時計回りで記入する。

（2）グラフの種類と特徴

①棒グラフ

数や量の大小の比較に適している。

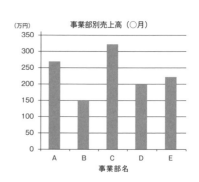

②線グラフ

時間の経過にそった推移の比較に適している。

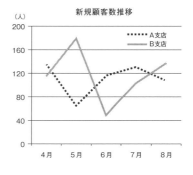

③円グラフ

二つ以上の項目の割合（構成比）を比較するのに適している。

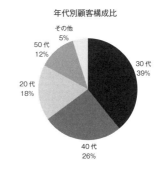

④帯グラフ

二つ以上の項目の割合を示す内訳構成比や、複数のデータ要素を取り入れることにより年度ごとの推移などを比較するのに適している。

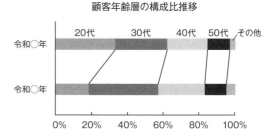

ビジネスメール

1 ビジネスメールの特徴

Point
　ビジネスの連絡方法として電子メール（以下、メール）は欠かせないものとなっています。ビジネス文書と比較すると、メール内容はより簡略化されますが、用件を確実に相手に伝えるためにも、メールの特徴を理解する必要があります。

（1）ビジネスメールの特徴
　メールは次のような利点がありますが、相手がすぐに読んでくれるとは限りませんので、緊急の用件伝達には不向きです。
　①距離に関係なく瞬時に送信ができる
　②相手の都合に関係なく送信ができる
　③同時に複数の相手に文書を送信することができる
　④文書、写真などを添付して送信することができる
　⑤返信時に、相手のメール文章の引用ができる
　⑥文字情報として連絡するので、記録として残すことができる

（2）ビジネスメール作成の留意点
　メールは、用件を簡潔に伝える書き方と、相手への配慮が求められます。相手に用件が確実に伝わり、相手が読みやすいメールにするための注意点を理解しましょう。
①メールアドレスは正確に入力する
　メールアドレスは1文字でも間違えると相手に届きません。メールを送信する前にアドレスを確認するようにします。
②件名はひと目で分かるものにする
　メール内容がひと目で分かるように具体的につけます。件名から緊急度や重要度が分かり、仕事を効率よく進めることができます。

◆用件が分かりにくい件名

・お疲れ様です。

・こんにちは、営業の○○です。

・ご連絡

◆分かりやすい件名

・営業会議日程調整の件　営業一課　○○

・【重要】新製品説明会概要のご報告　○○株式会社　総務課　○○

③本文は形式にそって簡潔にまとめる

◆宛名

（社外）相手の会社名・部署名・氏名（社内）相手の部署名・氏名などを正確に書きます。

◆書き出し

一般的に挨拶文「いつもお世話になっております」から始め、自分を名乗ります。

◆本文

1行は30〜35文字程度の文章にして、区切りのよいところ、段落ごとに1行空きを入れ、読みやすくします。

半角カタカナ、機種依存文字（丸付き数字①・②、ローマ数字I・II、各種記号（株）・㍑など）はパソコン環境によって表示形式が変わりますので、使わないようにします。

◆結び

「今後ともよろしくお願い申し上げます」などの挨拶言葉を書きます。

◆添付

ファイルを添付するときには、相手の環境とファイルの容量（サイズ）に注意します。

◆署名

メールの最後に会社名・部署名・氏名・メールアドレスなどの連絡先を入れます。受け取る相手に合わせて、署名を使い分けることもできます。

（3）ビジネスメールの書き方

社外の人に向けた一般的なメールの書き方は以下のとおりです。

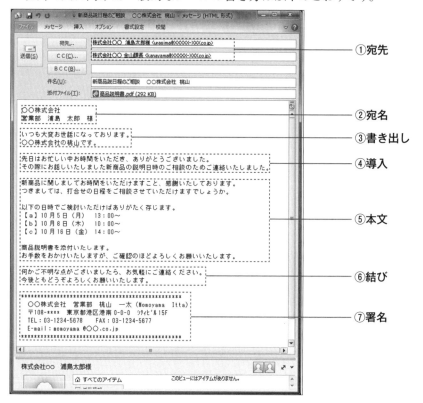

①宛先

送信先のアドレスを入力します。

- ・TO　メールを送りたい相手のアドレスを入力します。
  複数の宛先を指定すると、同じ内容のメールが全員に送信されます。
  宛先に指定されたすべての送信先のアドレスが明記されます。
- ・CC　メールの内容を参考までに知らせたい相手のアドレスを入力します。
  送信先がすべて明記され、CCとしての送信先が分かります。
- ・BCC　メールの宛先を公にしないで送りたい相手のアドレスを入力します。
  BCCにした送信先は、宛先やCCに指定した人には知られません。
  複数の人に同じメールを送る際に使用します。

②宛名

このメールを受け取る相手の情報(会社名、部署名、名前) を書きます。(株)とはせず株式会社とするなど、会社名や部署名は略さずに正確な情報を書きます。

③書き出し

挨拶と、差出人の情報 (自分の会社名、名前) を書きます。

④導入

本題に入る前に、相手に対する感謝や配慮を伝える「本文への橋渡し」の部分です。

<文例>

・先ほどはお電話をいただきありがとうございました。

・昨日は貴重なお時間をいただきありがとうございました。

・本日はわざわざご足労いただき、申し訳ございませんでした。

・先日の研修会では大変お世話になりありがとうございました。

・ご連絡をいただき、ありがとうございました。

⑤本文

何のために連絡するのかという用件を最初に示し、詳細を続けて書きます。複数の情報を書く場合は、箇条書きでまとめると分かりやすくなります。

⑥結び

文章の締めにあたり、今後へ繋げる挨拶を書きます。

相手にお願いすることがあれば、ここで念押しすることもできます。

<文例>

・今後とも、どうぞよろしくお願いいたします。

・大変お手数をおかけいたしますが、何卒よろしくお願い申し上げます。

・誠に恐縮ではございますが、○○日までにご返事をいただけますよう、お願いいたします。

・取り急ぎ、メールにてご連絡申し上げます。

・何かご不明な点がございましたら、何なりとご連絡ください。

・寒い日が (猛暑が) 続いておりますので、くれぐれもご自愛くださいませ。

⑦署名

署名はメールソフトの機能を使って登録しておけば毎回書かなくてもよく便利です。

社外文書の種類と形式

1 さまざまな社外文書とその目的

Point

社外の人に出す文書は、会社を代表して書いているとの自覚をもち、丁寧に正確に書いていくことが重要です。書式や内容に不具合があると会社への信頼をなくすことにもなりかねません。文書の種類と目的をしっかり理解しましょう。

（1）営業活動で使用する文書（書類）

　営業活動する際には、商品発注から納品、代金の支払いというプロセスが発生します。その際に必要な文書は一般的に帳票化されたものが使われます。

文書名	内　容
見積書	商品の値段、納品日（納期）、決済（支払い）方法などを提案する書類
発注書	商品を購入すると判断した際に、商品を注文するための書類
納品書	納品した商品の内容（品名・品番・数量など）を記載した書類
請求書	販売会社がお客様に商品の代金を請求する書類（右図参照）
領収書（証）	代金を受け取ったことをお客様に知らせる書類（p.188参照）

（2）社外文書の種類と目的

　社外文書とは業務に関することを、取引先や顧客など社外の人へ発信する文書のことです。

文書名	目　的
案内状	会議の開催、新商品の説明会など会合や行事への参加を案内する文書
契約書	取引をするにあたってお互いが了承した取引条件を明記した文書
照会状	不明な点を問い合わせて的確な回答を得るための文書

回答状	照会や依頼を受けた事柄への回答
督促状 とくそく	約束したことが実行されない場合、それを催促する文書
送付状	契約書や資料など、送る文書を明記して添付する文書
依頼状	こちらの要望を伝えて、行動を起こしてもらうための文書
承諾状	相手からの依頼や交渉、督促などに対しての承諾の意思を伝える文書
詫び状	当方の不手際（ミス）や相手に損害を与えた場合の謝罪を述べた文書

請求書

請 求 書

令和 2 年6月30日

株式会社 社会人常識マナー研究所御中

サンプル企画株式会社

〒123-4567　東京都中央区〇〇１-２３-４
電話:03-0000-0000　FAX:03-0000-0000

平素は格別のご高配を賜り厚くお礼申し上げます。
下記のとおりご請求申し上げます。

件　名	教育情報システム開発料
合計金額	¥880,000円

品名・摘要	数量	単位	単価	金額
仕様書作成				200,000
開発	2	機能	300,000	600,000
		小　計		¥800,000
		消費税 （10％）		¥80,000
		合　計		¥880,000

＜お振込先＞
銀行名:〇〇銀行　　支店名:〇〇支店　　口座種別:普通
口座名義:サンプル企画株式会社　　口座名義カタカナ:サンプルキカク(カ　　口座番号:9999999

領収書

（3）社外文書の形式

社外文書の形式は次のとおりです。前付け・本文・付記に分かれています。構成とそれぞれの名称を学びます。

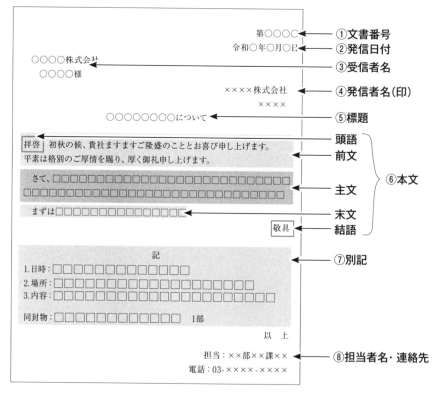

①文書番号

文書作成を担当した部署と番号を表記する。社交文書には付けない。

②発信日付

原則として、発信当日の年月日を西暦または元号で表記する。

③受信者名

文書の受信者の職名（会社名・部署名・役職名）と名前を書く。

④発信者名

文書の発信者の職名(会社名・部署名・役職名)と名前を書く。一般的には、受信者の役職と同格にする。会社所在地や押印を入れる場合もある。

⑤標題

内容がひと目で分かるような標題を付ける。社交文書には付けない。

⑥本文

・頭語…「拝啓」「謹啓」などを使う
・前文…時候の挨拶や相手の繁栄を祝す言葉を添える
・主文…文書の主目的について、結論から書き、分かりやすく簡潔に書く
・末文…文書の要点をまとめ、締めくくりの言葉を本文の末尾に書く
・結語…「敬具」「敬白」などを使う

⑦別記

同封資料や添付資料がある場合は、部数（枚数）も書く。

⑧担当者名

担当者の名前と連絡先を書く。

2 社外文書の書き方

Point 社外文書は基本的なビジネス文書の形式にのっとり、適切な敬語表現で相手に失礼のない文面にすることが求められます。ビジネス文書のフォーマットや慣用表現をしっかり習得しましょう。

（1）前付け

①敬称の付け方

受信者の後に次のような敬称を付けます。

あて名	敬 称	例
官公庁・会社などの団体あて	御中	○○会社御中　　○○会社総務部御中
職名・個人名をつけた職名あて	殿・様	佐藤総務部長殿　　人事課長田中様
個人あて	様・先生	神田　進様　（恩師）白石　雄三先生

（2）本文

①標題

その文書の内容を簡潔にまとめたタイトルを付けます。

②前文

用件に入る前の挨拶を書きます。頭語から始まり、次に1字あけて時候の挨拶、先方の繁栄を祝う言葉、日常の愛顧に感謝する言葉を書きます。

◆頭語と結語

頭語は文書の書き出し、結語は文末に書く語句のことです。頭語と結語は一対で用います。用件にあわせて、この頭語と結語は適切に使い分けます。

用 途	頭 語	結 語
通常の文書	拝啓	敬具
改まった文書	謹啓	敬白
返信の文書	拝復	敬具
事務的な文書（略式の手紙）	前略	草々
見舞状	前略（付けない場合もある）	草々
悔やみ状	付けない	付けない

◆時候の挨拶

1月	新春の候	大寒の候	初春の候	7月	盛夏の候	酷暑の候	炎暑の候
2月	余寒の候	立春の候	晩冬の候	8月	残暑の候	晩夏の候	処暑の候
3月	早春の候	春寒の候	浅春の候	9月	初秋の候	秋涼の候	新秋の候
4月	陽春の候	桜花の候	春暖の候	10月	仲秋の候	秋冷の候	紅葉の候
5月	薫風の候	新緑の候	立夏の候	11月	晩秋の候	錦秋の候	向寒の候
6月	梅雨の候	麦秋の候	向暑の候	12月	初冬の候	師走の候	歳末の候

◆安否の挨拶

相手の発展や健康を喜ぶ言葉を書きます。会社あてと個人あてとで変わりますので、注意しましょう。

貴社 （団体あて）	ますます	ご隆盛 ご発展 ご繁栄	のこととお喜び申し上げます。
（貴殿） 個人あて	ますます	ご健勝 ご清祥	

◆感謝の挨拶

日頃お世話になっていることへの感謝を慣用句で書きます。

平素は 日頃は このたびは	格別の 何かと ひとかたならぬ	ご厚情 ご高配 お引き立て	を賜り をいただき	厚くお礼申し上げます。 誠にありがとうございます。 感謝申し上げます。

③主文

要件や伝えたいことを書きます。正確に・簡潔に・丁寧に書きます。

前文のあとに改行し1字あけて「さて」として書き始めます。

④末文

主文の内容をまとめて、先方の繁栄を祈る文や終わりの挨拶を添えます。

主文から改行し、1字あけて「まずは」で書き始め、最後に頭語にあった結語を書きます。

⑤記

箇条書きで分かりやすく簡潔に書きます。

（3）付記

①追伸

本文に書くほどのことでもないこと、または念を押しておきたいことを書きます。「なお」で書き出します。

②同封物

文書の他に関係文書や書類を同封する場合に、その内容を書いておきます。

③以上

文書の最後に書きます。

④担当者名

実際に仕事を担当している人の名前を書きます。

3 社外文書の作成

Point

社外文書の用途にあわせた文書の形式や慣用表現を学ぶことで、文書作成がスムーズに進みます。代表的な文例から学んでいきましょう。

（1）文書の慣用表現

①自分側と相手側の呼び方

自 分 側		相 手 側
氏名	名前	お名前・ご氏名・ご尊名・ご芳名
当社・小社・弊社	会社	貴社
当地・当所	場所	貴地
書中・書面	手紙	ご書状・ご書面・貴書
粗品	品物	佳品・お品
私見・愚見	意見	ご意見・ご高見・ご高説
微意	配慮	ご配慮・ご高配・ご厚情
父	父親	ご尊父様・お父様・お父上様
母	母親	ご母堂様・お母様・お母上様

夫・主人	夫	ご主人様
妻・家内	妻	ご令室様・奥様
息子・愚息	息子	ご子息様・ご令息様
娘	娘	ご令嬢様・お嬢様・ご息女様
私ども・家内一同	家族	ご一同様・ご家族様

②ビジネス文書での慣用表現

話し言葉	文書上での表現
急いでお知らせします	取り急ぎお知らせいたします
いろいろお考えくださって	ご高配を賜り　　ご高配にあずかり
（書類など）受け取ってください	ご査収ください
受け取りました	拝受いたしました
お忙しいところ、すみませんが	ご多用中恐縮ではございますが
心配しないで。気にしないで	ご放念くださいますように
安心してください	ご休心くださいますように
お教えください	ご教示のほどお願い申し上げます
お許しください	ご容赦くださいますようお願い申し上げます
困っています	苦慮いたしております
出席してください	ご臨席を賜りますようお願い申し上げます
事情をご理解のうえ	事情ご賢察のうえ
何とかしてください	善処していただきたくお願い申し上げます
悪く思わないでください	何とぞ、あしからずご了承ください
ほっとしました	安堵いたしました
どうか面会してください	ご引見のほど、よろしくお願いいたします
つまらないものですが、納めてください	ご笑納いただければ幸いに存じます
よい品を頂いて、ありがとう	結構なお品をご恵贈賜り、ありがとうございます
季節柄、健康に注意してください	時節柄、ご自愛のほど、お祈り申し上げます
簡略ですが手紙でご挨拶します	略儀ながら書中をもってご挨拶申し上げます

（2）案内状

令和〇年〇月〇日

〇〇株式会社

営業部長　〇〇　〇〇様

△△株式会社

営業部長　〇〇　〇〇

新製品発表会開催のご案内

拝啓　陽春の候　貴社ますますご隆盛のこととお喜び申し上げます。平素は格別のご高配を賜り厚くお礼申し上げます。

　さて、このたび弊社では新製品〇〇を開発、販売いたすことになりました。この〇〇は従来の機種にはない優れた機能を備えた製品でございます。

　つきましては、一般発表に先立ち、下記のとおり発表会を開催いたす所存でございます。ご多忙のところ恐縮ですが、何とぞご来場賜りますようお願い申し上げます。

　まずは、略儀ながら書中をもってご案内申し上げます。　　　　　敬具

記

1．日　　時　　〇月〇日（〇）〇時〜〇時
2．場　　所　　〇〇コンベンションホール　2階

（住所・・・・・・・・・・・・・）

同封物　：会場案内図　1通

以　上

担当：営業課　＊＊＊＊

連絡先＊＊＊＊＊＊＊＊＊

社交文書の種類と形式

1 さまざまな社交文書とその形式

Point

社交文書とは取引先や顧客との良好な関係を保ち、仕事を円滑にするためにやりとりする文書のことです。儀礼的な社外文書なので、形式を学び作成上の留意点も理解することが必要です。

（1）社交文書の種類

文書名	目　　的
案内状・招待状	式典やパーティーなどに招待するための文書
挨拶状	開業、移転、役職者の異動などを関係者に知らせ、それを機会により一層の良好な関係と支持を得ようとする文書
祝い状	役員就任、受賞、受章、栄転、開店、賀寿など、相手方の慶事に慶びの言葉を述べる文書
礼状	相手の厚意や親切に対する感謝の気持ちを伝える文書
見舞状	病気や事故の際に、相手の安否を尋ねる文書 時候の安否を尋ねる暑中見舞、残暑見舞、寒中見舞などもある
悔やみ状	訃報に接し、人の死を悲しみ、慰めの言葉を述べた文書

（2）社交文書作成の留意点

　社交を目的とする文書ですので、事務的な文書とは異なります。次の点に気をつけましょう。

　①主に縦書きにする（縦書きは頭語・前文・主文・末文・結語・発信日付・発信者名・受信者名の順に書く）

　②適切な敬語を使い、慣用表現を活用し、丁寧に書く

　③格式が高い文書には句読点はつけない

　④一般的に文書番号や標題は入れない

⑤病気や災害の見舞状は、頭語（前略・急啓）のみ書き、前文は省略する

⑥悔やみ状は頭語、前文を省略し、主文から書く（「重ね重ね」「たびたび」など繰り返す言葉は使わない）

⑦祝い状を出すときは、吉日を使う

⑧時期を外さないようにタイミングを計る。礼状は速やかに出す

（3）社交文書作成

御祝の品をいただいた際の礼状です。

拝啓　新緑の候　ますますご健勝のこととお喜び申し上げます。

平素は格別のご懇情を賜り、深く感謝申し上げます。

さて、このたびは結構なお品をご恵贈賜り、誠にありがとうございました。おかげさまで、弊社も二十周年を迎えることができました。

これもひとえにお客様のお引き立ての賜物と感謝いたしております。

さらにお役に立てますように精励いたす所存でございます。

今後ともご支援賜りますように、どうぞよろしくお願い申し上げます。

まずは、略儀ながら書中をもって御礼申し上げます。

敬具

令和○年○月○日

△△株式会社

代表取締役　日本　雅志

世界　真二　様

（4）宛名の書き方

　ビジネス文書を送るときは、会社名・ロゴ・住所などが印刷されている社用封筒を使用します。縦書き、横書きの封筒の書き方は次のとおりです。

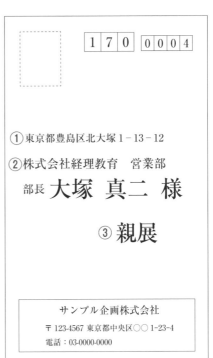

①住所

・縦書きの場合は漢数字、横書きの場合はアラビア数字で記入する。

・1行におさまらない場合は、ビル名などの区切りのよいところで改行する。

②所属名（会社名・団体名）

・住所より1文字下げて書き始める。

・社名（団体名）は略さずに記入する。

　（株）→　○○株式会社

・宛名は中央に大きく記入する。

・役職がついている場合は役職名を先に記入する。

③内容表示語（脇付け）

・宛名本人にのみ開封してほしい…親展

・届いたらすぐに開封してほしい…至急

・重要な文書として扱ってほしい…重要

・同封物があるとき、内容を示す…○○在中

CASE STUDY 5

事例紹介

食品会社営業課のEさんは文書作成のスキルアップに日頃から気をつけているが、まだまだ上司から注意を受けることがある。今回も新商品のお菓子販売キャンペーンでアルバイト雇用をしていいかどうか、下記のような稟議書（本文のみ）を作成した。ところが上司から「社内文書の書き表し方と箇条書きの書き表し方を理解して書き直すように」と指示された。Eさんはどのように書き直したらよいか。

> 販売キャンペーンの会場設営と商品搬入の補助要員として、学生アルバイトを雇用してよいか、聞きます。人数は6名で、雇用期間は10月7日～9日の3日間になります。また、経費は、概算で180,000円となります。この内訳は、アルバイト料・交通費・雑費です。

Best! な対応

稟議書とは、経営管理者に伺い立てをして、その決裁を受けるための文書です。

例えば「商品在庫管理のコンピューターが老朽化した。ついては、新機種のコンピューターに買い換え、事務の効率化・迅速化を図りたい」といった場合に作成します。

稟議書の本文には、稟議を起こした目的や理由を書きます。これを簡潔にまとめたものが標題です。本文の中に忘れずに書き表してください。稟議の決まり文句「～してよいか、お伺いいたします」「～してよろしいか、伺います」などを覚えておきましょう。文書の目的や項目は箇条書きにすると分かりやすくなります。

> 学生アルバイトの雇用について（稟議）
> 販売キャンペーンの会場設営および商品搬入の補助要員として、下記のとおり学生アルバイトを雇用してよいか、お伺いいたします。
>
> 記
>
> 1. 人　　数　　6名
> 2. 雇用期間　　10月7日～9日の3日間
> 3. 経費概算　　180,000円（アルバイト料・交通費・雑費）
>
> 以　上

ここを
Check!

1 標題をつける、項目は箇条書きで書き表すなど、ビジネス文書の形式を覚えましょう。

2 正しく伝えるために、あいまいな用語や二通りに解釈できる語句は注意しましょう。

・「10個以上」「10個以下」は10個を含み、「10個未満」は含みません。

・「店長ほか3名」は全員で4名、「課長はじめ3名」は全員で3名です。

・「午後1時に商品が到着したと連絡があった」はあいまいな書き表し方です。「午後1時に『商品が届いた』と連絡があった」または「『午後1時に商品が届いた』と連絡があった」と状況を明確に伝えられる文章にします。

3 社外文書では丁寧な言葉遣い、丁寧な言い回しができるようにしましょう。

・よく分からない点がありましたら　⇒　ご不明の点がございましたら

・ご説明に行きます　⇒　参上いたします。お伺いいたします。

・気にしてくれて　⇒　お心に掛けていただき

・以前から　⇒　かねてより

・今度の7月1日　⇒　来る7月1日

・これを良い機会として　⇒　これを機に

・つもりです　⇒　所存でございます。

・今まで以上に　⇒　倍旧の、旧に倍する、一層の

・相手に「受け取ってください」というときのように「お受け取りください」「ご受納ください」「お納めください」「ご笑納ください」など、状況に合わせた複数の言い方があります。

相手に満足、自分に誇りをもたらすコミュニケーションとは

◆相手を理解した上で思いを伝える

コミュニケーションにはコツがあります。まずは相手の用件や感情を理解しましょう。相手の心のひだに入り込み、場合によっては役割や範囲を超えた対応が求められることもあります。また、相手を観察して心を読み取ることも重要です。相手の話に心から耳を傾け（傾聴）、喜んでもらうためには何をすればいいかを考えます。

その上で自分の考えや思いを伝えればよいのです。相手は満足感をもち、それによって自分もまたやりがいと誇りを感じることができます。

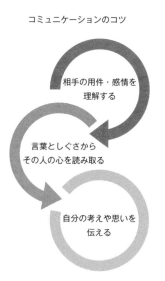

コミュニケーションのコツ

相手の用件・感情を理解する

言葉としぐさからその人の心を読み取る

自分の考えや思いを伝える

◆関心・感動・感謝の「3K」で明るく

心や想いは、思っているだけでは相手に伝わりません。適切な言葉遣いや表情、態度・立ち居振る舞いで表し、形にしてこそ伝わります。けれども、心が込もっていない言葉遣いや態度は相手の心に響きません。どんな場面でも、相手への思いやり、相手を敬愛する気持ちが込められたコミュニケーションを実践することが大変重要です。

社会人としてふさわしい話し方や態度は簡単に身に付くものではありません。日々気をつけることで習得できるもので、その意味では日々の努力がその人を成長させてくれるといえます。感じがいいと思う人を見つけたら、その人を見習うようにするといいでしょう。「まねる」は「学ぶ」に通じます。

また、人に関心（kansin）を持ち、行いに感動（kandou）し、出逢いに感謝（kansha）する「3K」を心がけると表情が明るくなります。コミュニケーションにもより磨きがかかることでしょう。

第 3 編

ビジネスマナー

　来客応対、電話応対、冠婚葬祭など、業務に必要なマナーや知識、技能を習得します。社会人としてのたしなみ、幅広いビジネスシーンに対応できる振る舞い方を身に付けましょう。文書類の管理や会議などに関する知識も学びます。

出勤から終業までのマナー

1 職場のマナーの重要性

Point 会社はさまざまな年齢や立場の違う人たちが集まりますから、スムーズに仕事を進めるためには良好な人間関係が必要です。また社外の人との人間関係を良好に保つことでビジネスも円滑に進みます。信頼されるビジネスパーソンになるため、職場のマナーを身に付けましょう。

（1）出勤時のマナー

①時間厳守で出勤

社会生活でもっとも重要なマナーの一つです。始業時間はタイムカードに記録される時間でなく仕事開始の時間です。交通機関の乱れや出社後の準備（自席の整頓・1日の予定の確認）に必要な時間も計算に入れ、10分ほど前には出社します。

交通機関の遅れや体調不良などにより遅刻してしまう場合は、上司になるべく早く自分で電話を入れます。まず詫びた上で遅刻の理由を説明し、現在地と会社に到着できそうな時間を伝えます。やむを得ず欠勤する場合も同様です。遅刻や欠勤で職場の人に迷惑をかけてしまった場合には謝罪する気配りが必要です。

②持ち物をチェック

忘れ物をして仕事に支障をきたさないように、前夜のうちに翌日の持ち物をチェックする習慣をつけます。

③挨拶

出社したら元気に明るく挨拶をします。

④朝礼のある企業も

一日の始めに企業の基本理念を確認し、その日の連絡事項を確認します。

⑤直行（直出）_{※1}する場合

必ず前日までに上司の許可を得ます。

（2）就業中のマナー

①挨拶と返事

・話しかけるときには、相手に都合を確認します。

・話しかけられたらしっかり返事をします。また、物を受け渡しするときは両手で行います。

・依頼するときには、お願いの気持ちを伝えます。

・依頼されたら、承諾の気持ちを伝えます。

・何かしてもらったときには、感謝の意を伝えます。

・人に感謝の意を表されたら、謙虚な気持ちを伝えます。

②約束を守る・納期を厳守する

社内関係者との仕事上の約束事項は必ず守ることで、信頼を得ることができます。やむを得ぬ理由で、約束したことや期限などを守れない場合はただちに関係者に伝えます。

③連絡をする

15分以上離席するときには、必ず周囲に一言伝えます。会議・来客・外出・出張などの際には、職場にある以下のような行動予定表（所在ボード）に「行先」「用件」「終了時間（帰社日・帰社時刻）」「連絡先」などを書き込んでおきます。

行動予定表の例

行動予定表		○月○日（月）
名　前	行　先	備　考
青山		
伊藤	会議室 10：00 ～ 12：00	
上田	応接室	
江原	○○会社　15時戻り	090 － 0000 － 0000
大木	大阪出張	090 － 0000 － 0000

行動予定表があれば緊急の際にも円滑に連絡ができます。また離席中に処理しておくべき事項があれば、上司、同僚などの関係者に依頼しておくことが必要です。行動予定表に処理するべき内容の概要を書き込んだ上、帰社したらただちに関係者へ挨拶し処理結果を聞きます。一方、社内にいた人は戻った人に対し「お疲れ様でした」とねぎらい、留守中に生じた報告事項があれば伝えます。

④早退・欠勤

体調不良ややむを得ない事情のため早退・欠勤をするときには必ず上司に理由を報告して、許可を得ます。同僚にも事情を説明し、留守中の仕事の処理を頼んでおきます。

⑤公私混同の区別

私語は慎みます。給湯室や手洗いでの長話は控えましょう。また、会社の備品である社名入りの便箋やボールペンなどを私用に使ったり、持ち帰ったりしてはなりません。電話や電子メールやコピー機などの私的利用も慎みます。

病院の受診など、就業時間内にしか処理できない私事は、理由を上司に伝え許可をもらいます。場合により、有給休暇※2を申請して処理します。

⑥エレベーターのマナー

出口をふさがないよう脇に寄ってエレベーターを待ち、電車と同じ要領で降りる人を優先した後で乗ります。操作盤の近くに立ったときは、周囲の人に利用階を聞き、ボタンを押してあげる気配りをします。基本的な乗り降りの順番は来客や上位者が優先です。先に降りる状況では会釈をします。なお、エレベーター内での会話は挨拶程度にとどめます。

⑦廊下・階段のマナー

大声の雑談、長々とした立ち話、横一列の歩行などは迷惑なので注意しましょう。

来客や上司とすれ違うときには脇に寄って会釈をします。担当部署を探しあぐねている来客を見かけたら声をかけ場所を教えます。先を急ぎ、追い越さざるを得ないときは会釈をしながら「失礼します」と言います。

⑧部屋の出入り

所属部署の事務室に入るときのノックは不要ですが、応接室・会議室・個室に入るときは基本的に3回ノックをします。「どうぞ」と相手からの返答を得てから、「失礼いたします」と言い入室します。

退室時にはドアの前で一礼してから「失礼いたしました」と言い退出します。ドアを開けたら、後に続く人のためにドアを支えておく配慮をします。

⑨コピー機・印刷機

使用後には必ずリセットしておきます。少量の使用者には先を譲る配慮をします。

⑩共同物品・資料

使用・参照後は決められた場所に戻します。資料はキャビネット[※3]に戻します。

⑪タバコのマナー

最近は全面禁煙のオフィスが多く、喫煙できる場所が限定されています。灰皿を置いていない場所は嫌煙の意思表示ととらえ、喫煙しないようにします。

⑫飲食のマナー

昼食時以外に食事を取ることは原則禁止です。（3時の茶菓は例外）

⑬デスクの整理

デスク上には仕事に必要な最小限のものだけを置きます。私物を置くことは慎まねばなりません。デスクが整理整頓されていないと探し物に無駄な時間を使い、仕事の能率を低下させます。また、離席するときは椅子を机の下に入れます。

⑭ロッカーやデスクの引き出しの中

プライベートな部分でもありますから、本人の了解なしに開けてはいけません。

⑮同僚の呼び方

名前は「○○さん」と呼ぶのが普通です。親しみを込めたつもりでも「○○ちゃん」やニックネームで呼ぶことは避けます。

（3）終業時のマナー

①帰社

その日の仕事はその日に終わらせるのが原則です。頼まれた仕事が終わらないときは、頼んだ人にその旨を伝え了解を得ておきます。ある程度仕事の区切りのよいところまで処理し、明日以降のスケジールを確認して後片付けを済ませた上で退社します。自分の仕事が終わって余裕がある状態であれば、同僚を気遣い何か手伝うことがないか聞いてみます。帰るときは一言挨拶をします。

②残業

特に期限を決められていないものの、仕事が就業時間内に区切りがつかないときには残業もやむを得ませんが、慢性的に残業が続かないように仕事の段取りを見直してみます。上司の指示により、残業してでも処理するべき仕事がある場合には、他に特別な事情がない限り残業をします。

休日出勤の場合も残業と同じように考えて対応します。

③直帰[1]

事前に上司の承認を得て、さらに自宅へ帰る前に会社にその旨連絡を入れます。

┈┈用語解説┈┈

※ **1 直行（直出）、直帰**…直行（直出）は自宅から勤務先に立ち寄らずに、直接仕事先に出向くこと。直帰は出先から勤務先に戻らずそのまま帰宅すること。

※ **2 有給休暇**…出勤と同様に扱われ賃金が支給される休暇。

※ **3 キャビネット**…p.292 ～ 293 参照。

「公私」「機密」のけじめ

1 公私の区別

Point
社会人は法令およびその組織内のルールを守り行動しなくてはなりません。もちろん会社を離れれば一個人に戻り行動することは許されますが、その場合であっても社会人として公共のマナーを守ることが求められます。

（1）休憩時間と休暇

①休憩時間

けじめをはっきりつけ、午後の仕事も定刻に開始できるように10分前ほどには自席に戻ります。休憩中に緊急の用件が発生したときは、その処理を優先させます。社外でもマナーを守りましょう。特に制服着用で休憩時間を過ごすとき、行動や言動から外部の人が会社のイメージを固定化する可能性もあります。節度ある振る舞いを心がけます。

②有給休暇

事前に上司に休暇届けを提出し取得許可を得ておきます。また同じ課内では社員間で事前に日程調整し、休暇が重ならないよう配慮する必要もあります。休暇日は課内に周知し、休暇中にどうしても処理するべき仕事があれば状況と内容を上司か同僚に伝え、処理をお願いしておきます。休暇の前と後に挨拶しておく配慮も求められます。

（2）社内パーティーと終業後のつきあいのマナー

①社内パーティー

歓送迎会、忘年会、新年会、慰労会などです。人間関係の潤滑油になりますから、できるだけ参加するようにします。

②終業後のつきあい

業務終了後に上司や先輩、同僚から食事や酒席に誘われる場合がありま

す。日頃あまり交流のない人と知り合えたり、人間関係によりよい影響を与えることもありますから、できるだけ前向きに付き合いましょう。費用は基本的に割り勘ですが、上司や先輩にご馳走になったときは素直にお礼を言います。時間はほどほどで切り上げ、翌日の遅刻や二日酔いは厳に慎まねばなりません。また上司、先輩に対しては分別をわきまえ、お酒の上とはいえ無礼な振る舞いをしては人間関係を損う恐れもありますから注意します。明るい楽しい話題で盛り上がり、愚痴や社内の人の悪口は避けたほうが賢明です。

（3）その他

　勤務中の私用外出、寄り道などはせず、携帯電話の私用利用も休憩時間にします。

（4）社外でも公共のマナーを守る

①歩道のマナー

　同僚と複数人で横並びで歩くのは他の人に迷惑です。

②携帯電話のマナー

　電車や人ごみの中で使用するのはマナー違反です。携帯電話での通話は道路の端で行えば迷惑防止になります。

2 機密保持の心得

Point 法令上の守秘義務に加え、個々の企業内で蓄積された独自の情報についても社員として守秘義務を負います。

（1）守秘義務

　一般的に、ホームページで公表する企業案内のような情報の他に、企業には外部に絶対に漏らしてはならない独自の情報が蓄積されています。顧客情報はもちろん、社員の住所・電話番号、社内プロジェクトの動向、開発中の商品やサービスの情報、会社の経営状態、企業ノウハウなどについて、社員は守秘義務を負っています。守秘すべき情報は親しい友人や取引先との何気ない会話においてもうっかり漏らしてしまうことのないように注意をおこたってはなりません。他人もいる公の場所で仕事の話をすることは慎む必要があります。

（2）書類の取り扱いに注意

　自分には見慣れた書類でも社内の機密保持を要する場合があります。重要書類を放置したまま席をはずしたり退社したりしてはいけません。

心構え・七大基本用語

1 来客応対の重要性

Point 仕事上のコミュニケーションは、電話はもちろん電子メールなども用いて便利に進めることができるようになりました。しかし、仕事はあくまで生身の人間関係が基本となりますから、関係者同士が直接会い、意思疎通を図ることの重要性に変わりはありません。

（1）心構え

　来客は初めに応対した人の態度や言葉遣い、ふるまいから、その企業の第一印象を決めます。接遇とは来客に対して心の込もった応対をすることで企業間の好ましい人間関係の第一歩を築くことなのです。

　特に、面談の約束がある来客はすでに仕事の取引があるか、これから取引が発生する可能性のある来客ですから、丁寧に接しましょう。自分の家にいらしたお客様という気持ちで応対します。来客がお見えになったら出迎え、お帰りの際は心を込めて見送りをすることです。

　具体的には「正確に」「迅速に」「公平に」「丁寧に」「親切に」「誠実に」を心がけて応対することが大切です。

①正確に

　来訪前の準備として、来客予定時刻を間違えてはいけませんから、しっかりりメモを取っておきます。さらに来客の会社名・名前・用件・名指し人・目的を事前に上司に確認しておきます。

②迅速に

　面談約束がある来客がいらしたときは、取りかかっている作業を一時中断してただちに応対します。

③公平に

　来客の地位や服装、親密度で態度を変えるのは言語道断です。

④**丁寧に**

　言葉遣いや動作に丁寧さが必要です。

⑤**親切に**

　来客を思いやる気持ちを持ちます。

⑥**誠実に**

　うわべだけの応対ではなく真心を込めます。

（2）接遇の七大基本用語

　言葉だけでなく、心から気持ちを込めた表情や態度で応対することが重要です。

① 「いらっしゃいませ」と歓迎の意を込めます。

② 「ありがとうございました」と感謝の意を込めます。

③ 「はい、かしこまりました」と承諾の意を込めます。

④ 「少々、お待ち下さいませ」「お待たせいたしました」と詫びの意を込めます。

⑤ 「申し訳ございません」と詫びの意を込めます。

⑥ 「失礼いたします」と詫びの意を込めます。

⑦ 「恐れ入ります」と恐縮の意を込めます。

基本手順予約客 受付〜見送り

1 名指し人との面談約束がある来客への応対

Point 来客への基本的な応対手順を学びましょう。面談約束（アポイントメント）のある来客の受付、取り次ぎ、案内誘導、接待、見送りまでの基本的な手順を頭に入れた上で、相手とその場の状況により臨機応変に応対できる柔軟さが求められます。

（1）受付

　ビジネス社会では事前に面談日時を決め約束をすることが基本です。約束のある来客は指定日時に来訪してきますから、ただちに名指し人に取り次ぎます。約束のない来客より、約束のある来客を優先するのが原則です。

①名指し人在席時

　すぐに立ち上がり「いらっしゃいませ」と相手の目を見て笑顔でお辞儀をします。会社名・名前を尋ねます。いつもおいでになる来客の場合は、名前と顔を覚えて「○○会社の○○様でいらっしゃいますね」とこちらから言い、「いつもお世話になっております」と挨拶します。来客の来訪時刻を上司から伝えられているときには「お待ちいたしておりました。応接室にご案内いたします」と伝え、応接室に案内します。

②名指し人不在時

　「お約束をしておきながら申し訳ございません」と詫び、不在の理由を伝えます。名指し人が30分以内に戻るときは「お待ちいただけませんでしょうか」となるべく待ってもらうように申し出ます。

　名指し人が30分以上遅れてしまうときは「いかがいたしましょうか」と来客の意向を尋ねます。その際は代理の者でよいか、伝言を聞いておくか、戻り次第連絡を入れるかなどのやりとりになります。来客が出直す旨の意思表示をしたときは、来客に都合のよい日時を二、三伺い、名指し人から直接連絡を入れられるようにしておきます。

③名指し人が会議中・来客中のとき

来客には事情を伝えた後、名指し人のいる会議室または応接室に「失礼いたします」と入室のうえ、メモで来客の来訪を伝えます。なお面談中の来客あてに急用の伝言を入手した際はメモで「至急ご連絡いただきたいとのご伝言です」と伝えます。

（2）取り次ぎ

来客をまず応接室に案内しておき、その後名指し人に取り次ぎます。

（3）案内誘導

「応接室にご案内いたします。こちらにどうぞ」と手のひらで方向を指し示し、時折振り返りながら案内します。

①廊下

誘導時の位置関係は来客を中央とし、案内者は来客の二、三歩（1メートルくらい）斜め前を来客の歩調に合わせて歩きます。

②階段

来客は手すり側、案内者は壁側を歩きます。基本的には来客の前を歩きつつ誘導し、階段を上る際来客を見下ろす形になることは避けて先を歩いていただきます。

③エレベーター

来客に「どうぞ」と先に乗っていただき、次に自分が乗り込み操作盤を操作します。また降りるときには「こちらです、お先にどうぞ」と開扉ボタンを押し続け、来客から先に降りていただきます。（操作可能な位置にいる状況に限り）

廊下の案内

階段の案内

上り階段　下り階段

④ドアの開閉

　応接室のドアはガラス部分ではなく、必ず木・スチールの部分をノックします。内開き（押し開き）のドアであれば案内者が先に「お先に失礼いたします」と入室し、内側からドアを押さえます。外開き（手前開き）のドアであれば来客に先に「お先にどうぞ」と入室していただきます。

内開きの場合　　外開きの場合

⑤上座 <small>（かみざ）</small>

　上座とは、その場で一番心地よく安全に過ごせる場所のことです。一般的には目上の人やお客様が座る席です。応接室でも乗り物でも席次という考え方があり配慮することが求められます。来客には上座を勧めることが基本原則になります。上座を指し示し「こちらにお掛けになってお待ち下さい」と言いますが、「上座にお掛けください」とあからさまに言うべきものではありません。

　応接室の場合、上座は出入り口から一番離れた位置にあるソファになります。スツールとは肘掛けも背もたれもない平板な椅子のことで、来客用に

は不向きですから、奥まった位置にあったとしても人数の多いときなど必要に応じて社内の人が使用します。

また来客を長く待たせてしまうときは、理由と待ち時間のめどを伝え、お茶を替えるなどの配慮をします。

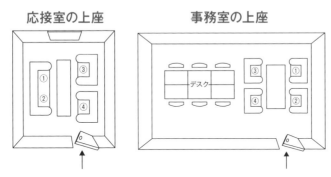

車、列車、飛行機などの乗り物の場合であれば席次の考え方も変わります。運転手付き車では運転席のすぐ後が上座となり、オーナードライバー（運転するのが車の持ち主の場合）の車ではドライバーの席の隣が上座です。

列車と飛行機では進行方向に向かって窓側が上座です。

席次の基本原則をわきまえたうえで、そのときの同伴者や状況に応じて応対します。

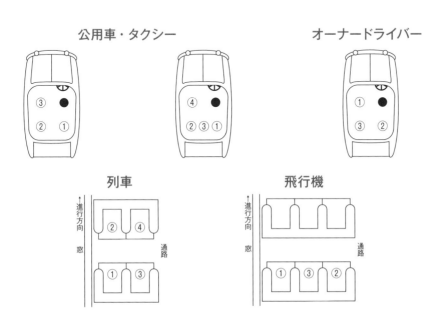

217

（4）接待

　季節に応じてお茶などを供します。わざわざお越しいただいた来客ですから、心の込もったおもてなしをしましょう。その場にいる全員に供します。

①お茶出し

◆日本茶

　給湯室で人数分の茶碗に七分目ほど、濃さを同じにして用意します。お盆に茶碗を置きますが、茶たくは重ねておき、ふきんも用意しておきます。お盆は胸と同じ高さで持ちます。来客と社内の人に同じ種類の茶碗を使用します。

　ノックをして入室し、お盆はサイドテーブル（部屋の脇などにある補助的な机）に置き、来客の上位者（分からないときは上座の人）から順番に茶碗を茶たくに載せ、両手で「どうぞ」と供します。サイドテーブルがないときには左手でお盆を持ち、右手でお茶を供します。茶碗の模様が1ヶ所あるときには、模様が人の正面になるように供します。茶たくは木目が横になるようにして供します。菓子も供す場合は、菓子が先で左側、お茶が後で右側です。部屋が狭く、奥の人に出せないときには「恐れ入りますが、回していただけませんか」とお願いします。

　滞在時間が長引きそうなときは、お茶を取り替えたり、コーヒーなどを供します。

お茶の運び方

茶たくは重ねる。
茶碗と別々にする。

茶菓の出し方

①菓子を先に出す　②その後にお茶を出す
　　　　　　　　　絵柄がお客様の方へ
　　　　　　　　　向くように

茶たくの木目が横になるように

◆状況に応じたお茶の出し方

　名刺交換が応接室で行われているときには、お茶は供さずに少し待ちます。書類などがテーブル上にある場合は「失礼いたします」と声をかけ、空い

ているスペースにお茶を供します。

②お茶出し後の退出

　お茶やコーヒーを供し終えたら「失礼いたします」と一礼し、お盆を表向きに小脇にかかえ退出します。

③お弁当

　まずお弁当を左側に供し、右側にはお吸い物とお茶を並べます。箸は弁当の手前に置きます。食後にコーヒーを出すこともあります。

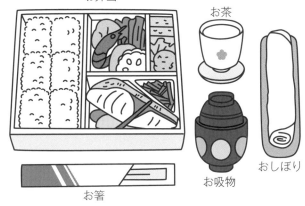

（5）見送り

　勝手に帰ってくださいと受け取られるような態度は失礼です。来客と会社との関係によって見送る場所は次のように変わります。なお上司と同席した場合は、上司の少し後ろで見送るようにします。

①部屋の出入り口で一礼します

②エレベーターまでの見送りが一般的であり、扉が閉まるまで見送ります

③玄関まで見送ります

④来客の姿や乗った車が見えなくなるまで見送ります

　来客が帰った後は、速やかに茶碗を片付け、使用した部屋は空室の表示を掲げておきます。

面談約束のある来客の応対

1 担当者が応対する

Point

取引先との商談は電話や電子メール、手紙でもできますが、やはり面と向かい合い、微妙なニュアンスも含め意思疎通を図ることで商談を一層円滑に進めていくことができます。その第一歩となるのが来客応対です。

（1）来客応対の第一歩

　約束した時刻に出迎え、他に社内関係者がいる場合は来訪した旨をただちに伝えます。初めて来訪された来客の場合、出迎え時に名刺交換を行います。

（2）名刺の役割と名刺交換

①名刺の役割

　日本のビジネス社会では、名刺はその会社における本人の所属部署、地位、連絡先などを明らかにするために交換されるものです。いわば自分の顔なのです。外見上、古いものや汚れているものは悪印象を与えるので使用は避けます。

②名刺の出し方

　定期入れや財布に入れると名刺が汚れる恐れがあるので、名刺入れを使用します。名刺入れに 20 枚ほど入れておきます。

　名刺を差し出す際は、基本的には来訪者から、起立した状態で差し出します。名刺入れから名刺を取り出し「私、○○会社の○○と申します。よろしくお願いいたします」と言いながら会釈をし、相手に名前が読めるように向け両手で差し出します。「こういう者です」とは言いません。自分の名刺をテーブル上に置くこと、またテーブル越しの名刺交換も避けます。

③名刺の受け方

両手で余白を持ち胸の高さでいただきます。「〇〇会社の〇〇様でいらっしゃいますね」と先方の会社名と名前を復唱すると間違いを防げますし、相手の名前を覚えやすくなります。読み方に迷うときは「失礼ですが、どのようにお読みしたらよろしいのでしょうか」と率直に尋ねます。その後「失礼いたしました」と言います。珍しい名前やデザインならその場に応じて話題にすることもできます。いただいた名刺は面談が終わるまでテーブルの上に置いておきます。

④同時交換

お互いに会社名と名前を名乗り交換します。その際自分の名刺は右手で差し出し、相手の名刺は左手で受け取ります。交換を終えたら相手の名刺を胸の高さあたりに両手で保持し、念のため名前の確認をします。

⑤複数交換

こちらが複数の場合には、上司、先輩、自分の順番で差し出します。名刺入れを名刺盆（名刺を受けるときに使用する小さなお盆）の代わりに使います。また、いただいた名刺をテーブルに置く際、相手先の座席順に横一列で並べたり役職順に縦一列で並べたりすると、顔と名前が一致しやすくなります。

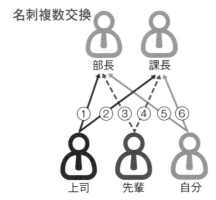

名刺複数交換

部長　課長
① ② ③ ④ ⑤ ⑥
上司　先輩　自分

⑥名刺の管理

面談終了後に相手の名刺の余白や裏に、日付・用件・その人の特徴をメモしておくと後日役に立ちます。名刺整理簿や整理箱、コンピューターを用いれば一層管理の効率化が図れます。個人の携帯電話の番号を教えてくださった場合などは、一言お断りしてメモをします。

面談約束のない来客の応対

1 上司・名指し人へ不意の来客が見えたら

Point　会社にはさまざまな来客がさまざま状況のもとで来訪してくるので、一律に機械的な応対をしてはいけません。特に面談約束のない来客を迎える場合には来訪目的を適切に判断し、それに応じた応対姿勢と具体的な応対方法を身に付けておくことが大切です。

（1）受付

　面談約束がなく突然訪問してきた来客に対しては、来客に気づいた者が臨機応変に応対し、会社名・名前・用件などを聞き、適宜名指し人へ取り次ぎます。面談約束がなくとも急用でお見えになる以上、相応の理由が想定されるのです。わざわざお見えになったことを考慮して公平丁寧に応対し、身なりや地位、顔見知りかどうかということで区別しません。

　突然の来客であっても、"たらい回し"※1があってはいけませんから、普段から自社の会社組織、業務内容、関連会社さらに主要取引会社との取引概要などを理解しておきます。そうすればすぐに担当部署を伝えることができます。会社の組織構造、部署名については「会社組織の成り立ち」（p.23）を参照してください。

①来客の面談希望者が不在の場合

　代理の者でよいか、伝言を聞いておくか、戻り次第連絡を入れるかなどを聞きます。

◆名刺の受け方

　来客は面談者に名刺を差し出すのが普通ですが、場合により最初に応対した人に差し出す方もいますので、名刺をいただいたときは、会社名・名前の読み方を確かめます。その際両手でいただく、胸の高さでいただく、余白を持つという3点がポイントです。なお来客を面談希望者のところで案内する場合は、名刺を胸の高さで保持しつつ両手で持っていきます。

名刺の受け取り方

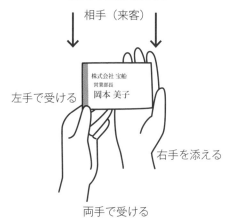

相手（来客）

株式会社 宝船
営業部長
岡本 美子

左手で受ける

右手を添える

両手で受ける

名刺の運び方

両手で持ち、
胸の高さで運ぶ

②儀礼的訪問

転勤・年末年始の挨拶などの場合には面談約束がないのが普通です。というのも、簡単な挨拶が主目的であり短時間に済むからです。名指し人が在席している場合は「ご丁寧にありがとうございます」と言い取り次ぎます。名指し人が会議中・来客中の場合はメモで状況を伝えます。

他の面談約束と重なったときであっても儀礼的趣旨を重んじ、来客に対し「先約がありますが、取り次ぎますので少々お待ちください」と言い取り次ぎます。すでに面談約束のある来客に対しては「ご挨拶のお客様がお見えになりましたので、申し訳ありませんが、少々お待ちいただけますでしょうか」と申し出ます。

名指し人が不在の場合は代理者でも構わないかどうか来客の意向を確認しますが、不都合の場合には名刺を預かることもあります。

③紹介状のある来客

紹介者から事前に連絡が入っている場合は名指し人に取り次ぎますが、事前連絡がない場合には名指し人に面談するかどうか意向を確認します。

名指し人が不在のときには、代理者で構わないかどうか意向を確認します。書状または名刺で紹介状を受け取るのが普通です。なお書状に封はしてありませんが取り次ぎ者は書状の中身を見てはいけません。

④判断に迷う来客（寄付依頼、広告、セールスなど）

安易に在否は言わずに「ただ今調べて参りますので、少々お待ち下さい」と伝え、面談を希望された人の指示を仰ぎます。場合によっては総務部が応対すべきケースもあります。

⑤面談希望者が取り込み中の場合

面談希望者が外出や出張の間際に来訪した来客に対しては「○○は間もなく外出（出張）いたしますので、お目にかかれるかどうか分かりかねます」と伝えておき、面談希望者の指示を仰ぎます。

> ······用語解説······
>
> ※1 たらい回し…本来は仰向けに寝て、足でたらいを回す曲芸のこと。転じて、物事を他へと順送りすること、担当部署を次々と送り回すこと。

訪問・紹介のマナー

1 訪問のマナーの重要性

Point　取引先や顧客とは電話や電子メール、手紙でもコミュニケーションはとれますが、面と向かい合い話を交わすことで相互理解が深まり、より良い人間関係へと発展し円滑な取引につながります。会社の顔として面談するのですからそれ相応の応対が大切になります。

（1）面談約束

　まずは1週間から10日前をめどに面談約束（アポイントメント）を取りつけます。自分の用件で相手の時間を割いていただくのですから突然の訪問はマナー違反となります。

　約束は電話や電子メールで直接相手から取りつけます。自分の会社名・所属・名前を伝え、用件・日時・所要時間・人数などを連絡します。基本的には相手先の都合を優先しますが、可能であればこちら側の希望日時を伝えても構いません。

　緊急時を除いて、例えば始業時や終業時、月末、期末、月曜の朝、連休明けの朝、昼食の前後などは避けるのがマナーです。

（2）事前準備

　持参する資料・名刺などの用意をします。訪問先の会社情報や住所・交通手段・所要時間などもあらかじめ調べておきましょう。訪問日時まで間が空くときには、前日に確認の連絡を入れます。

　何らかの理由でやむを得ず訪問できなくなった場合には、できるだけ早くお詫びの連絡を入れ、改めて約束を取りつけます。間際のキャンセルやたび重なるキャンセルをしては信用を失います。

（3）面談当日の事前行動

　自社の行動予定表に訪問先と帰社予定時刻を記入したうえ、上司にその旨を伝えて外出し、ゆとりをもって到着するようにします。ただし、早過ぎるのも先方の迷惑となりますので、5分ほど前に訪問します。

　なお交通機関の遅れや、前の仕事の関係で約束の時間に遅れそうなときには、相手先に見通しを連絡します。先方に着いたらまずお詫びをして、遅延理由には簡単に触れます。大幅に遅延するケースでは相手先の意向を確かめ、場合により別の機会を設けます。

（4）面談時の心得

　コートや、手袋、マフラーなどは会社に入る前に脱いでおき、バッグなどは肩にかけずに手に持ちます。携帯電話はマナーモードにするか電源を切っておきます。

　受付では会社名、名前を言い、面談希望者に取り次ぎをお願いします。相手先の受付の要領に応じた対応が求められます。内線電話であれば担当者が来るまで待ち、受付も内線電話もない場合には近くの社員に声を掛けても構いません。会社によっては面談票の記入をしたり入館証を渡されることもあります。

　応接室に案内されたときは、書類かばんなどは椅子の足元に置きます。待機中は出入り口に近い下座に座るのが一般的ですが、案内人に上座を勧められた場合には上座でも構いません。

　待機中もきちんとした姿勢、態度を心がけます。腕や足を組んだり、ソファに深々と座ると横柄な印象を与えてしまいます。面談希望者が来るまでにお茶を出していただいたら、お礼を言います。

ふたつきの茶碗は、内側を上にして茶碗の右側に置く

　面談希望者が入室してきたら、すぐに立ち上がり挨拶をします。
　初対面の時には訪問者から先に名刺を差し出します。

名刺入れを男性はスーツの内ポケットに、女性はバッグの中に入れておきます。

訪問先の担当者およびその上司と同時に名刺交換する場合には、まず上司を優先し、次に担当者に差し出します。上位の人を優先するのがマナーです。（p.221参照）

万一名刺が切れてしまった場合には「申し訳ございません、名刺を切らしてしまいました」と詫び、名前を名乗ります。またすぐ会う予定の人には、次回名刺を渡します。複数の相手に対して名刺が不足した場合には、口頭のみの自己紹介に留めるか、または上位者にのみ差し出します。

実際の面談に入る前の節度をわきまえた雑談はリラックスした雰囲気になるので構いません。ただし政治や宗教に関連した思想がらみの話題は避けます。

面談中は資料を相手の方に向けて置きます。適宜メモをとり、あいづちを打ちながら面談を進めます。

面談終了後の長居は避け、立ち上がってお礼の挨拶をして帰ります。コートは「どうぞ」と言われない限り、訪問先を出てから着ます。受付でも挨拶をして辞去します。

（5）訪問後

自社に戻り上司に訪問結果の報告をします。時間によっては直接自宅に戻ってもよい場合がありますが、自社に連絡を入れその確認を取ります。

後日、訪問先へ電話、手紙、電子メールなどでお礼の挨拶を入れることもあります。

（6）個人宅訪問

個人宅はプライベートな場所ですので、ビジネス場面とは異なる配慮が必要となってきます。面談約束、訪問時間は、早朝、食事時、夕方以降は避けるようにします。約束よりも早すぎる訪問は失礼にあたります。定刻または5分程度の遅れが目安です。

玄関で挨拶する場合は、コート類は入る前に脱いでおき、チャイムやインターフォンを通じて名乗ります。用件はなるべく玄関先で終わらせるようにし、長居はしません。

室内に招き入れられたときは、靴は自分で向きを変え端に置きます。場合によっては手土産の用意をしておきます。和室では入口に近い下座に座ります。

座布団は勝手に座らず相手に勧められてから座ります。辞去の挨拶も座布団をはずして行います。

　玄関では出入口を背に丁寧な挨拶をし、軽くお辞儀をして辞去します。コート類は外に出てから着ます。

2 紹介の重要性

Point

ビジネスでは紹介したり、されたりすることで人脈が広がり後の仕事に結びつきます。とはいえ、紹介することで責任も発生するので、軽々しくは行ってはいけません。

（1）紹介の仕方と受け方

　紹介する場合は、紹介するべき人の特技や趣味を織り交ぜて紹介しましょう。相手方に話の糸口を提供することができます。

　また紹介を受ける立場であれば面談時に立って挨拶をします。当事者同士を引き合わせる場合は、目下の人を目上の人に、立場の低い人を高い人に、また身内を相手に紹介するのが基本の順序です。

引き合わせる人	紹介の順序
社内の人と社外の人	社内の人→社外の人
目下の人と目上の人	目下の人→目上の人
年齢が違う人同士	年少者→年長者
男性と女性	男性→女性
身内の者と他人	身内→他人
一人を大勢の人に紹介する場合	一人→大勢

　具体的には「ご紹介いたします。こちらは私どもの課長の○○です。こちらはお世話になっている○○会社の○○様でいらっしゃいます」と紹介します。誰かを紹介されたときには、名刺交換します。

事例紹介

　期末の忙しい日、作業着を着た見知らぬ来客が見えた。Ｆさんはパソコンの手を休めず座ったまま「こんにちは」と声を掛けると来客は上司に会いたいとのことであった。上司は会議中なので来客に名前と用件を尋ねると、名刺が差し出され、用件が部品の修理の件であることを伝えられた。名刺の両面を確認したが、普段付き合いのない会社の人であり、作業着着用だったこともあり自分の独断で上司は外出中であると告げ、お引取りいただいた。名刺は破ってゴミ箱に捨てた。

　会議後、上司に作業着を着た見知らぬ来客が来た旨を報告すると、なぜ取り次がなかったのかと言われた。上司は来客に連絡を取りたい、名刺はどうしたのかと聞かれたが、名刺は判読が困難な状態になっていた。

Best! な対応

　多忙を極める中での突然の来客ということもあって、Ｆさんはそっけない態度を取ってしまいました。しかし上司にとっては大事な来客だった様子。さて、Ｆさんはどのように対応すればよかったのでしょうか。

　まず、忙しい日であっても訪問客が見えた場合はすぐに立ち上がり、「いらっしゃいませ」と笑顔でお辞儀をします。「いらっしゃいませ」は「ようこそおいでになりました」という意味があり、会社の来客に対して「いらっしゃいませ」と言うのは基本となります。

　パソコンの手を休めず座ったままの来客応対では失礼です。また、作業着という外見で差別をしてはいけません。メーカーの方の場合には作業着着用が普通ですから、そのままの姿で会社を訪問するのです。ですから来客には偏見を持たずに公平に応対することが求められるのです。

　名前と用件を尋ねることは適切な対応となります。名刺はその人の顔でもありますから、わざわざ名刺の両面を確認するのは相手に失礼になります。表面だけの確認にとどめるようにします。名刺の表面には会社名、役職、名前、住所、電話番号、メールアドレスなどが記載されています。裏面には関連会

社や支店などの情報が記載されているケースがあります。

　普段聞いたことのない会社であっても、新人の知識は限られているので周囲の先輩にすぐ確認することが求められます。用件を尋ねること自体は適切ですが、もう少し具体的に尋ねるべきでした。

　上司は社内会議中ですから、外出中と事実に反することを言ってはいけません。ただちに上司に名刺と用件メモを届け上司の指示に従うべきです。

　さらに、いただいた名刺をすぐに破いて捨てる行為は間違いです。上司に会いたいと来訪してきた以上は上司に渡すべきです。上司が不要になれば破くかシュレッダーにかけます。このケースではすでに破棄されてしまったのですが、断片を集めて可能な限り内容を把握するように努めます。

❶ 来客が見えたら、仕事の手を休めてすぐに立ち上がり「いらっしゃいませ」と笑顔でお辞儀をして迎えます。

❷ 来客の名前と用件を確認しましょう。会社名と名前だけ言われることもありますから、その際はすぐにメモを取ります。名刺を差し出された際には両手でいただく、胸の高さでいただく、余白を持つのがポイントです。会社名と名前の読み方も念のため確認します。なお上司に届ける際には、名刺は胸の高さに保持します。

❸ 身なりや肩書きで来客を差別しません。

❹ 会社として面談すべきかどうか判断に迷う際は、上司または先輩に相談します。

第3編　ビジネスマナー

丁寧に、歯切れよく　**3級**

電話応対の重要性・特性・心構え

1 「会社を代表する」気持ちで応対

Point

現代社会において電話は相手が誰であっても直接会話ができるコミュニケーション手段として大変重要な役割を担っています。電話の特性をしっかり理解した上で電話を活用し、ビジネスを円滑に進めていくことが求められます。

（1）特性
①即時性がある

電話の最大の利点は即時性です。遠方の相手とも即座に連絡がとれるためビジネスを迅速に進めることができます。

②音声しか伝わらない

一般の電話を用いた会話ではお互いの音声しか伝わりません。ですから相手に意思、情報などを的確に伝えるためには、適正な音量で一語一語はっきり丁寧に発声しなくてはなりません。分かりにくい言葉や外来語はできるだけ使用を控えます。特に漢語は避け、例えば「帰社する」は「会社に帰ります」のように分かりやすい表現にします。

メモ用紙と筆記用具は必ず手元に置き、いつでもメモをとれる態勢にしておきます。

カタカナを使った会社名などは聞き取りにくい場合もあるので、その際は復唱確認します。ビジネスでは数字や日時も重要ですから、間違いを避けるためにも大切なことは復唱確認をする習慣をつけておくことが求められます。

また、相手の話を聞いていることを知らせる意味でも、タイミングよく「あいづち」をうちましょう。

音声を通じた会話ですから、複雑な内容、お礼やお詫びなどの儀礼的な内容に電話は不向きであることも理解しておきます。

③一方的にならないように注意する

相手の都合を考慮せずに一方的に話し始めてしまうと、先方の気分を害する恐れもあります。電話を掛けるときは「〇〇の件でお電話いたしました。ただ今よろしいでしょうか」と、相手の都合をまず確認します。ただし、どうしてもただちに会話をしなければならない切迫した事情がある場合には「お忙しいところ申し訳ございません」と断った上で本題に入ります。

一般的には、あわただしいと思われる時間帯は避けたほうがよいです。始業時と終業時、週の初めと終わり、月末などは急ぎでない電話は控えましょう。また、マナーとしてお昼休みも避けます。

④コスト意識をもつ

電話は基本的に掛けた側が料金を負担するので、できるだけ長電話は控えましょう。用件を５Ｗ３Ｈ（p.156 参照）でまとめ、手短に要領よく、てきぱきと話を進めます。掛けてきた相手を長く待たせてしまう場合や遠方からの電話の場合には、取引関係によってはこちらから掛け直す配慮も必要です。

（２）電話応対時の心構え

ビジネスにおいては正確かつ迅速に応対することが求められます。また第一声の話しぶりが会社の印象を決定づける場合もありますから、「会社を代表して応対している」というくらいの気持ちで丁寧に感じよく話をします。

①正確に応対する

相手の会社名、名前、自社の担当者名などは復唱確認することで間違いを防ぐことができます。社内のどの部署が応対すればよいのか分からず、電話をたらい回ししてしまうことがないよう、自社の業務内容や社内事情を把握しておく姿勢が求められます。

②迅速に応対する

なるべく早く電話に出ます。なかなか電話がつながらない会社は悪印象を与えかねません。話自体もポイントを押さえ簡潔に進めます。また社内の別の担当部署に取り次ぐ場合も迅速に行います。

③丁寧に感じよく応対する

電話は声だけしか伝わりませんが、横柄な態度をとればすぐ相手に伝わってしまいます。電話を切るときにも受話器は丁寧に置きます。

丁寧に、歯切れよく　**3級**

電話を受ける

1 電話の受け方の基本手順

Point

入社して間もないうちは自分あてに電話が掛かってくるケースは少なく、ほとんどの場合は先輩社員の担当者や上司あてに掛かってきます。しかし電話応対は新入社員の仕事の１つ。ベルが鳴ったら率先して受話器を取る積極的な姿勢が求められます。

（1）基本的な受け方
①名乗り方

電話が鳴り次第すぐに受話器を取る一方、利き手でメモを取れる態勢を取ります。相手の会社名と名前は確実にメモしておきます。

◆外線電話

会社名をはっきり丁寧に名乗り挨拶をします。

「はい、○○会社○○課でございます」（「もしもし」の連呼は避け、相手とうまくつながらないときだけ使うようにします）

「おはようございます、○○会社○○課でございます」（朝 10 時くらいまで）

「お待たせいたしました、○○会社○○課でございます」（呼び出し音が 3 回以上鳴った場合）

最近は「はい、○○会社○○課大塚でございます」と会社名に続けて自分の名前を名乗ることも効果的な場合があります。相手は名乗ってくれた人に親近感を感じますし、それが会社への信頼感にもつながります。また名乗る側も会社の一員としての当事者意識を感じることができます。

◆内線電話

「はい、○○課大塚でございます」と応え、例えば上司の課長席の電話が鳴ったときは「はい、営業課長の席です」と応えます。

②相手の名前を復唱確認する

「○○会社の○○様でいらっしゃいますね、いつもお世話になっております」と丁寧に復唱確認することで、聞き間違いを防止し、同時に相手に対してもしっかりとした好印象を与えることができます。この「いつもお世話になっております」の表現はいろいろなビジネスシーンで日常的に使われる挨拶です。

相手が名乗らなかったときには「失礼ですがどちら様でしょうか」「恐れ入りますが、お名前をお聞かせいただけますでしょうか」などと聞きます。

さらに、聞き取りにくい電話のときには「恐れ入りますが、お電話が遠いようですので、もう一度伺ってもよろしいでしょうか」と聞き直します。

③用件を聞く

「恐れ入りますが、どのようなご用件でしょうか」あるいは「私どもの誰に(部署の所属員)どのようなご用件でしょうか」と確認し、聞いた内容はしっかりとメモに書き留めておきます。相手に同じことを何度も言わせることのないよう話を注意して聞きます。

④取り次ぎ

◆名指し人在席時

「○○に代わりますので少々お待ちください」と告げ、電話機の保留ボタンを押した上で、名指し人には相手の会社名、名前、用件を「○○会社の○○様から○○の件でお電話です」と伝えます。誤って電話が切れてしまった場合には掛けた側が掛け直すのが原則です。ただし相手がお客様や上位者の場合にはこちらから掛け直します。

◆名指し人在席時の流れ

事前準備	呼び出し音が鳴ったら、できるだけ早く受話器を取る メモと筆記用具を手元に用意

⬇

名乗り	会社名をはっきり丁寧に名乗る 3回以上鳴ったら、名乗る前に「お待たせいたしました」

⬇

相手を確認	会社名・部署名・名前をしっかりとメモし、復唱する

⬇

挨拶	「いつもお世話になっております」

⬇

名指し人を確認	名指し人を復唱する

⬇

取り次ぎ	保留ボタンを押す 保留は30秒以内

◆名指し人不在時

名指し人がいないときは、「申し訳ございません」とまずは不在を詫び、不在の理由・戻る時間（日）を伝え、相手に判断を仰ぎます。相手の意向や伝言を復唱確認し、誰が受けたか分かるように名乗ります。名乗ることで相手が安心し、責任の所在が明らかになります。折り返しの電話が必要なとき以外でも相手の連絡先は念のため聞いておきます。

通話が終了したら、伝言の有無にかかわらず伝言メモを作成します。確実に伝わるように、名指し人が戻ったら口頭でも電話の件を伝えます。

①名指し人が電話中・離席中

トイレや隣の課に行っているなど一時的に席にいないときは「席をはずしております」と伝えます。席をはずしている理由を相手に伝える必要はありません。「○○はただ今他の電話に出ております（席をはずしております）。いかがいたしましょうか」と相手の意向を伺います。相手が「また電話する」と言う場合、「かしこまりました。○○が戻りましたら△△会社の△△様からお電話がありましたことを申し伝えます」と応えます。

②名指し人が来客中・会議中

「申し訳ございません、ただ今、来客中（会議中）です。○○時に戻る（終

236

わる）予定ですが、いかがいたしましょうか」と聞きます。

※各中もしくは会議中には電話を取り次がないのが原則ですが、相手にとって急用の用件であるときは「少々お待ち下さい」と告げ、いったん電話を保留にして名指し人にメモを差し入れて指示を仰ぎます。

名指し人が来客中であるときは「お話し中、失礼いたします」、また会議中であれば「失礼いたします」と断った上でメモを差し入れます。

③名指し人が外出中・出張中

「ただ今、外出中（出張中）です。○○時に戻る予定ですが、いかがいたしましょうか」と相手の意向を聞きます。相手が急いでいるときは「○○に確認を取りましてこちらからお電話をさせていただきます」と言い、いったん電話を切り、すぐに名指し人と連絡を取って相手に伝えるべき内容の指示を受けます。電話の相手には名指し人の行き先を明かしません。

④名指し人が休みの場合

休暇中の場合は休みを取っていることを伝えても構いません。ただし、休みの理由（病気・私用）などは個人情報となりますので伝える必要はありません。遅刻、早退の場合は「外出しておりまして、○時に戻ります」「本日は戻らない予定となっております」と気を利かせます。相手が急いでいる場合は、代わりに要件を聞く、分かる人に代わってもらう、など相手の要望に合わせて対応します。

◆名指し人不在時の流れ

名指し人在席時と同様に対応する	事前準備・名乗り・相手を確認・挨拶・名指し人を確認

謝罪	要望に応えることができないお詫び

不在の理由を伝える	離席中、電話中、来客中、会議中、出張中、休みなど不在の理由 名指し人の行き先は不用意に教えない

戻る時間（日）を伝える	相手が対処しやすい情報を伝える

相手の要望を聞く	相手の要望に合わせてそれぞれ対応する

「また電話する」	「戻り次第電話がほしい」	「伝言をお願いしたい」

会社名・名前を復唱 （名指し人が戻り次第、電話があったことを伝える）	会社名・名前・連絡先を復唱 （名指し人が戻り次第、電話するよう伝える）	５Ｗ３Ｈのポイントで用件をメモする 会社名・名前・伝言内容を復唱

名乗り・挨拶	自分を名乗ることで相手が安心し、責任の所在がはっきりする

通話終了	相手が先に切ったことを確認した後に切る

伝言メモを渡す	伝言メモは、名指し人の机の上などに分かるように置く 本人が戻ったら口頭でも伝える

◆取り次ぐ必要のない電話

　セールス目的もしくは取り次ぐ必要のない電話とはっきり判断できる内容であれば、電話を取り次ぐ必要はありません。

　自分専用の電話帳を作って、頻繁に電話を掛けてくる相手先（会社、人名）

を整理しておけば電話のやり取りがスムーズに行えます。

（2）特別な電話の受け方
①間違い電話
「こちら〇〇会社で、〇〇〇〇－〇〇〇〇番です。失礼ですが、何番にお掛けでしょうか」と丁寧に応えます。たとえ間違い電話であっても横柄な態度で切れば相手を不快にさせます。会社の印象にも影響を与えますので品格ある応対を心がけます。

②たらい回しは避ける
電話を受けた以上は社内でのたらい回しは避け、当事者意識を持ち自分で応対するようにします。ただし自分で正確に処理できない内容であればその場で先輩社員や上司の指示を仰ぎましょう。

③フリーダイヤル（0120通話）
電話を受けた側が料金を負担する電話サービスのことです。電話を掛けやすくすることで企業サービスの向上につなげていきます。具体的には製品詳細・メンテナンス関連の問い合わせ、クレーム処理などの窓口として機能します。

④親族からの電話
仕事中に掛かってきた親族からの電話は緊急と考えます。「山田課長さんですね。ただ今会議中ですが、すぐご連絡をなさるようお伝えいたします」と尊敬語で対応します。

⑤迷惑電話
勧誘や営業の電話、いたずら電話などです。丁寧な言葉を使いつつ、はっきりと断ります。

2 メモの取り方

Point メモとはメモランダム（覚え書き）のことで、一般的に自分のために取るメモと他の人に差し入れる伝言としてのメモに大別されます。電話中のメモは多少字が汚くても自分が読めれば問題はありませんが、伝言メモは受け取る相手が読めるように丁寧に書きます。

（1）伝言メモ

あて先は名指し人となります。用件は5W3Hにそってメモし、相手に復唱確認します。特に日時・場所・金額・数量・人名などは正確に記入しあやふやなときはしっかりと聞き直します。

さらに電話を受けた日時・名指し人名・相手の会社名と名前・電話番号・用件および電話を受けた受信者名をメモしておきます。相手の会社名や名前の漢字が分からないときは勝手な思い込みで書かず、片仮名か平仮名で書いておきます。

伝言メモは名指し人の机の上など分かりやすい場所に置いておき、名指し人が戻り次第口頭でもメモを残していることを伝え、必要に応じて口頭で補足説明します。

以下は一般的な電話メモですが、急ぎの用件のときは「至急」などと記してもよいでしょう。

伝言メモの例

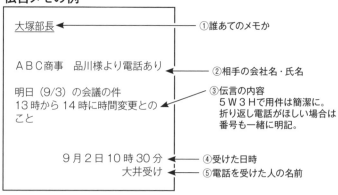

電話を掛ける

1 相手への配慮が重要

Point

音声をやりとりする電話では相手の今の状況が目に見えません。ビジネスを円滑に進めるためには、電話を掛けて一方的に話を始めるのではなく、電話を受ける相手側の都合と気持ちを配慮することが求められます。

（1）基本的な掛け方

　緊急時を除き、始業直後や終業間際の電話は避けます。やむを得ず掛ける必要のあるときは、一言「お忙しいところ申し訳ございません」などと詫びを入れ、また会話が長くなるようならその旨を伝えて了承を得るなど、相手の気持ちを害さないよう配慮することが求められます。

　用件は正確に迅速に相手に伝えなくてはなりませんから、電話を掛ける前に話すべき内容を整理しておきます。具体的には掛ける前に相手の会社名、部署、名前、電話番号、用件、資料などを確認しておきます。電話がつながった後の手順は、名乗り・挨拶・取り次ぎ依頼をし、相手が電話に出たら再び名乗り、挨拶・用件・お礼の挨拶をするのが基本原則です。

　自社の会社名が片仮名表記の場合は正確を期すため一語一語丁寧に発声します。自社にたまたま同姓の担当者がいるときには自分の名前をフルネームで伝え、役職者であればそれも伝えます。

　相手が名乗らなかった場合には「恐れ入りますが、○○会社様でいらっしゃいますか」と確認します。

　基本的には電話を掛けた側から先に切りますが、電話を受けた相手がお客様や上位者の場合には相手が切った後に切ります。また電話機は静かに置いて切ります。

　国際電話を掛けるときは時差を考慮し、適切な時間帯に掛けるよう配慮するのが基本原則です。また海外出張などの際にはコレクトコール（受け手側

の通話料負担）を利用することも考慮します。

電話を掛ける際の基本的手順と表現

名乗り・挨拶	「私、△△会社の△△と申します。 いつもお世話になっております」
取り次ぎ依頼	「恐れ入りますが営業部の田中様をお願いいたします」
相手が電話に出る・ 再び名乗り・挨拶	「田中様でいらっしゃいますか。 私、△△会社の△△と申します。 いつもお世話になっております」
都合を聞く	「ただ今、お時間よろしいでしょうか」 「○分ほどお時間よろしいでしょうか」
用件を伝える	「○○の件ですが…」 「本日は、○○の件でお電話いたしました」
お礼の挨拶	「ありがとうございます」 「お忙しいところありがとうございます」 「それではよろしくお願いいたします」 「それでは失礼いたします」

（2）相手が不在のときの対応

　話したい相手が不在の場合は、戻る時間を確認してこちらから掛け直すのが原則ですが、用件や状況によっては伝言や折り返し電話をお願いします。

戻る時間確認	「何時頃お戻りでしょうか」
掛け直す	「それでは○時頃にまたご連絡させていただきます」
伝言依頼	「恐れ入りますが、伝言をお願いしたいのですが」 「○○様に、～とお伝えいただけますでしょうか」
折り返し依頼	「申し訳ございませんが、お戻りになりましたら 折り返しお電話をいただきたいのですが」
話した相手の 名前を聞く	「失礼ですが、お名前を伺ってもよろしいでしょうか」

（3）特別な電話の掛け方
①間違い電話を掛けたとき

　一方的に切るのは失礼となります。まずは、間違えたことを謝罪し、再度の掛け間違いを防ぐために相手や電話番号を確認します。
「申し訳ございません。番号を間違えました」
「失礼ですが、○○様ではありませんか」

②留守番電話への伝言

会社名・名前・用件を簡潔に告げ、「後ほどまたご連絡いたします」と掛け直すことを伝えます。

③電報

慶弔用に電報を利用します。申し込みは「115番」です。最近はインターネットからの申し込みも増えています。

特別な電話応対、携帯電話の利用

1 状況に応じた電話応対

Point

先輩社員としてさまざまなビジネスシーンで働くことになると、基本を踏まえつつ仕事の状況に応じて臨機応変に対処する能力が求められます。電話応対についても、より高度なスキルを養いましょう。

（1）状況に応じた電話応対例

①問い合わせ

問い合わせ内容そのものがよく分からないときは先輩社員に代わってもらうか、自分が調べた後に改めて掛け直すといった応対をします。自分が調べることになった場合、相手から後ほど掛け直すと言われたら「○○分ほどお時間をいただきたいのですがよろしいでしょうか」と、おおよその時間のめどを伝えておけば誠意ある応対になります。

自社への道順を尋ねる問い合わせ電話には次の手順で行います。

最初に、相手の現在地と交通手段を確認します。相手の状況に合わせて、方向、距離、歩いて（車で）何分なのかという全体像、目印、自社建物の外観、特徴など詳しく説明します。最後に、「お気をつけておいでください」、「お待ちしております」など配慮の言葉を伝えます。道案内の電話に備えて事前に自社の位置と交通機関を整理し把握しておくとよいでしょう。

②クレーム電話

クレームを受けたときに大切なことは、「謝罪」と「同調」です。相手が勘違いをしている場合や、こちらの落ち度でないこともあります。しかし、相手に不快感を与えたことに対してまずは謝罪をして、相手の気持ちを理解するようにします。相手の話を傾聴し、正確な情報を集め、把握したうえで相手が納得できるような具体的な解決策を提示します。すぐに判断できないときは、一旦電話を切り改めて連絡をしたり、先輩社員や上司に電話

を代わってもらうなどします。

　相手は、多くの場合感情的になっています。保留にしたまま長時間待たせる、たらい回しにする、相手の話をさえぎりこちらの言い分を通す、反論する、感情的になるなどの対応は、二次クレームを招く原因にもなります。通常よりも慎重な言葉遣いと態度を心掛けましょう。

2 携帯電話の効用

Point 最近では、会社から携帯電話やスマートフォンを支給されることも多くなってきました。社用の携帯電話の使用時は、電話応対と同じく「会社を代表する」気持ちで応対しましょう。

（1）携帯電話の特徴と注意したい点

どこでもいつでも相手と連絡を取れるのが最大の利点です。ただ、これは同時に相手にとっては迷惑な電話になることも意味します。電源オフ、マナーモードに設定する場所以外では、勤務中は電源をオンにしておきます。社内でも電源はオンにしておきますが、派手な着信メロディや大音量は控えます。

充電不足で使えないと携帯している意味がありません。充電切れがないよう注意しましょう。社用携帯電話を私用で利用するのは厳禁です。

掛ける時間帯も会社同様に配慮します。電話に出るときは会社名・名前を名乗ります。掛ける、受ける、どちらの場合も大切なのは通話可能かどうか、「今、お話ししてもよろしいですか」「申し訳ございません。○分後にお掛け直しいたします」など確認することです。

用件は手短に話すこともマナーです。また、誰かと待ち合わせするときなど、約束の時間や場所をあやふやにしたまま、待ち合わせ直前になって携帯電話で連絡を取り合うことは相手を煩わせます。しっかりメモを取り、携帯電話に頼り切ることのないよう心がけましょう。

金銭に関する内容や、進行中のプロジェクト、大事な情報、機密を要する内容は、会話が漏れないよう掛ける場所を選びましょう。

面談中や会議中には電源を切るかマナーモードにしておきます。ただし、商談ではその場で関係者に確認すべき事柄もありますから、状況により携帯電話を使用することもあるでしょう。

電車内はマナーモードにしておき、通話は静かな環境に移動して行います。移動中に取引先から電話が掛かってきたら今は移動中であることを伝えていったん切り、掛けられる状況になったら電話を掛け直します。

飛行機内や病院内では電源を切る必要もあります。公共の場所での電話

は声の大きさにも配慮します。

　携帯電話にこちらから電話するときは、相手が名乗らない場合も多いので「○○様の携帯電話でよろしいですか」と一言添え確認します。

CASE STUDY 7

事例紹介

　今日は営業課長は大阪へ出張中である。他の課員が出払っていたので、迷いながら新人のGさんが受話器を取ると取引先のA部長だった。

　課長はいるかと聞かれたので大阪へ出張中と伝えたところ、いつ戻るかと聞かれたので金曜日の夕方に戻る予定だと答えた。「では来週の火曜日にそちらへ伺うよ。時間は営業課長の都合に合わせるので、後ほどまた電話を入れて確認するから」と言って電話が切れた。戻った先輩社員には「取引先のA部長から電話がありましたが、また電話を下さるそうです」とだけ伝えた。

　月曜日の始業直後。営業課長から「今、A部長から電話があった。『明日の件だけど』と突然言われて、何のことか分からずあわてたぞ。そもそも火曜は終日予定が入っているんだ。困るじゃないか！」と、きつく叱責された。

Best! な対応

　他の課員がいない状況では、先輩社員に言われるまでもなく電話は率先して取りましょう。その点、Gさんの対応は良かったですね。課長席に掛かってきた電話を新人が受けても、内容を正しく理解することは難しいかもしれません。取り次ぐだけでも構わないので、新人には電話を積極的に取る姿勢が求められます。

　呼び出し音を何度も鳴らしてしまったときは「お待たせいたしました」と初めに詫びるべきです。また、外線の電話なので、受話器を取ったらまず「○○会社営業課でございます」と名乗ります。

　課長が戻る予定日を告げることは構いませんが、行き先を関係のない相手に言う必要はありません。さらに、翌週火曜の課長の都合は分かりませんから、Gさんは「月曜朝に出社する課長に確認した上で電話を入れさせていただきます」と答えるべきでした。「また電話する」と言われた場合も伝言メモを残しましょう。話の内容を正確に要領よくメモし、課長あての伝言メモは机上に置いておきます。いつでもすぐにメモを取れるよう日頃から準備しておき、話の要点を聞き逃さないよう注意することが求められます。

電話を受けた後は先輩社員へ状況をきちんと説明します。A部長がまた電話してくることを伝えるだけでは不十分です。A部長が来週の火曜日に来社し、課長との面談を希望していることが重要なのです。この旨を先輩に報告していれば、その後の展開はまた違ったものになったでしょう。

　月曜に課長が出社した際にはA部長から電話があったこと、翌日の面談を打診されたことを伝言メモとして残していることを告げます。さらに課長からの求めに応じて、電話でのA部長の様子、会話のニュアンスなどの補足説明までできれば満点の対応と言えます。

ここを Check!

1　電話が鳴ったら、新人は積極的に電話を取ります。

2　電話の受け方
　「はい、〇〇会社でございます」
　「おはようございます、〇〇会社でございます」
　「お待たせいたしました、〇〇会社でございます」
　さらに営業課の電話は「〇〇会社営業課Gでございます」
　と自分の名前を続けます。

3　名指し人が留守、会議などの場合には戻り時間を相手に知らせるのが親切です。しかし行き先は言うべきではありません。

4　名指し人の都合は本人以外には分かりませんから、折り返し本人から電話してもらうケースもあります。

5　また電話をすると言われても、電話のあった事実は名指し人にメモで伝えます。メモには5W3Hの要領で必要事項を記し、名指し人の机上に置いておきます。

6　名指し人が戻り次第、メモ内容を口頭で報告します。

7　きちんとした電話応対ができなかったときには率直に詫び、次からきちんと応対できるよう、今回できなかった理由を自分なりに分析し改善していく姿勢が求められます。

慶事のマナー・結婚

1 ビジネスにおける交際業務の重要性

Point

冠婚葬祭とは、「冠礼（成人）」「婚礼」「葬儀」「祖先の祭礼」の4大儀礼を指している言葉ですが、現代では慶弔に関する儀式の総称になっています。社会人となるとそのような慶弔の場に参列する機会が多くなります。ここではまず慶事の中の結婚について学びます。

（1）仕事の一環として結婚式へ参列することも

　慶弔に関する事柄は個人的な色合いが濃いものですが、儀式に参加することによって人間関係を良好に保つ効果があります。ビジネスにおいても関係者の慶事に臨むことで仕事を円滑に進めていく効果を期待することができます。まずは人生でもっとも重要な結婚について学び、結婚式に参列する際に役立てましょう。

（2）結婚式に関するマナー
①返信はがきの書き方

　結婚式の招待状が届いたら、返信用はがきにお祝いの言葉を添え出欠の可否をなるべく早く伝えます。欠席の場合は、お詫びの言葉と理由も書きます。

　出席の連絡をした後に急用が生じ欠席せざるを得ないときには、なるべく早く先方に事情を伝えます。

結婚式の返信はがきの書き方

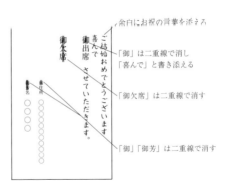

「行」を二重線で消し「様」にする

余白にお祝いの言葉を添える

「御」は二重線で消し「喜んで」と書き添える

「御欠席」は二重線で消す

「御」「御芳」は二重線で消す

②日柄

六曜とは、日本の暦注の一つで先勝・友引・先負・仏滅・大安・赤口の6種あります。

大安は縁起の良い吉日とされ結婚式などの慶事をとり行うにはふさわしい日となっています。一方、仏滅は縁起の悪い日とされます。また友引は友を引くとのことから葬儀は行わないなど、冠婚葬祭のさまざまな場面で六曜を活用して判断することがあります。

③結婚式に出席する場合の式当日の注意点

服装はおめでたい席にふさわしい服装で出席するのがエチケットです。男性の場合は、ブラックスーツに白かシルバーグレーのネクタイが一般的です。女性の場合は、花嫁より目立たない服装にし、白は避けます。昼間は胸や背中、二の腕などの露出を控えるのが一般的です。肩が出るドレスはジャケットやショールを羽織ります。和装の場合は、未婚女性が着用する振り袖や未婚・既婚を問わない訪問着が礼装になります。招待状に「平服でお越しください」と記載される場合がありますが、これは服装はあまり気にしないでくださいという意味で、普段着でよいという意味ではありません。

男性の服装
ブラックスーツ

女性の服装
アフタヌーンドレス　和服 振袖（未婚女性向け）

祝儀袋を準備します。現金を祝儀袋に入れ、式当日に持っていくのが一般的です。品物を当日持参するのは避けます。個人として贈る場合は、社会的な立場、親密さによって金額は微妙に違います。

また、水引の色と結び方に気をつけます。結婚の祝いは二度繰り返したくないとの意味をこめ結び切り、熨斗付きとし、上書きは「寿」、表書きは濃い墨で書きます。現金は内袋に入れて、表側中央に金額、裏に住所と氏名を書きます。お札は新札を用意します。

会場へは式の開催時間に遅れないよう行き、受付で「本日はおめでとうございます」と挨拶し記帳します。続いて、祝儀袋をふくさ※1から取り出して受付の人に渡します。

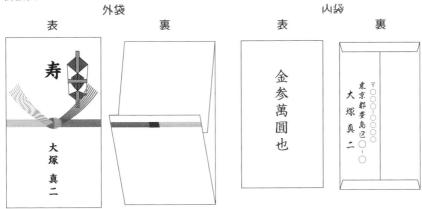

披露宴では、初対面でも同じテーブルの人と和やかに会話しましょう。

④結婚式に出席しない場合

場合によっては祝電を打つ、お祝いの金品を贈るといったこともあります。遠方で行けないときは祝儀袋を現金書留で送ります。

社内の人の結婚式に招待されないときには、部課単位でまとめて金品を贈るか、個人的に贈り物などをするケースが多いです。

祝電を打つには2つの方法があり、電話電報の115番を用い日時指定で打つか、インターネットを用いて申し込みます。最近は後者のケースが増えています。

⑤品物を贈る

相手の希望を率直に聞くとよいでしょう。二人の仲を裂くという縁起を考慮し、切れる「包丁」「はさみ」は避けます。数も「偶数」は割り切れることから結婚祝いに不向きとされますが、「二」はペア、「八」は末広がりの意味でよい数字とされます。贈り物は正式には手渡しすべきで、持参するときは「大安」の午前中がよいとされます。宅配便を用いる場合は、式の1週間くらい前までにカードや手紙を添えて届けます。

第3編　ビジネスマナー

⑥結婚式でスピーチを頼まれたら

お祝いの言葉、自己紹介、新郎新婦との関係をまず述べ、人柄が分かるエピソードを交え当人の仕事ぶりを褒めます。聞いている方も楽しく愉快になるような話や、門出を祝い幸せを祈る話にします。簡潔に、3分以内をめどにします。忌み言葉[※2]は避けます。結婚式であれば、繰り返すとか不幸や別れを連想させる言葉、例えば「切れる」「終わる」「別れる」「分かれる」「去る」「またまた」「再び」などの言葉は使いません。

⑦結婚式で受付を頼まれたら

少し早めに会場へ行きます。招待客が受付へ来たら、「本日はお忙しい中、ご出席いただきましてありがとうございます」などと迎える側として挨拶をします。「こちらにご署名をお願いいたします」と芳名帳への記帳を促し、同時に出席者名簿をチェックします。

祝儀袋を差し出されたら、両手で受け取り、「ありがとうございます。お預りいたします」とお礼を述べます。席次表や配布物を渡して控室を案内します。

ご祝儀は貴重品ですので集計と保管管理をきちんと行い、主催者に直接手渡しするようにします。

（3）結婚記念のお祝い

銀婚式は結婚25周年記念、金婚式は結婚50周年記念です。ペアの贈物や旅行券、観劇券などを贈るのが一般的です。

⋯⋯用語解説⋯⋯

※1 **ふくさ**…進物の上に掛けたり、物を包んだりする儀礼用の四角い布。祝儀袋を載せる祝儀盆の付いたものは台付ふくさという。最近では慶弔両用となるように紫や深緑の色合いのものが好まれている。

※2 **忌み言葉**…宗教上の理由または縁起をかついで使うのを避ける言葉。

さまざまな慶事のマナー

1 人生の節目を祝う際の対応

Point

社会で通常受け入れられている一定の形式を守ることで、相手に対しより深く好印象を与えることができます。タイミングよく心を込めて祝いの気持ちを伝えるには形も大切です。

（1）慶事の種類

　個人、法人の別があります。個人的な事柄としては、出産・入学・卒業・成人式・結婚・就職・就任・昇進・受賞・賀寿などがあります。法人にあっては社屋落成式・創立記念式などがあります。

　日本古来の伝統文化の中から育まれたものですから、古くからの慣わしやしきたりがあります。また地域社会独特の伝統や風習も残されているので、地域、会社、家庭それぞれで形式上の差異が生じることがあるのです。したがってそれらの形式を無視したり、自己流に解釈したりしては相手に失礼ですし、また自分自身が恥ずかしい思いもしてしまいます。

（2）賀寿

　長寿のお祝いです。昔は数え年で祝うものでしたが、最近は満年齢で祝う人が多いです。当人の好みに合いそうなものを贈ります。

還暦 （かんれき）	満60歳、干支が戻って生れたときに戻るとの意味で、赤ん坊の産着によく使われた赤色の物をプレゼントする習慣があります
古希（古稀） （こき）	70歳、唐の詩人杜甫の「人生七十古来稀なり」からきています
喜寿 （きじゅ）	77歳、七を三つ組み合わせた形が「喜」の字になるためです
傘寿 （さんじゅ）	80歳、八と十を組み合わせた形が傘の字になるためです
米寿 （べいじゅ）	88歳、八と十と八を組み合わせた形が米の字になるためです
卒寿 （そつじゅ）	90歳、九と十を組み合わせた形が略字「卆」で、これが「九十」に分解できるためです
白寿 （はくじゅ）	99歳、百から一を引いた形が白になるためです

（3）栄転・昇進祝い

　社内の人のお祝いは部課単位でまとめて行います。特別に世話になった方には個人的にお祝いをしても構いません。

　社外の人の栄転は、転勤日・転勤先を調べてお餞別を贈る、送別会を行うなどします。

（4）新築祝い

　ストーブ、ライターと灰皿のセット、赤いものなど、火事を連想させるものは避けます。

（5）法人祝賀会

　取引先の慶事は上司に報告し、会社としてどのように対応するべきか確認します。

　自社の祝賀会をホテルで開催するときの女性の服装はスーツにコサージュを付ける程度です。男性はダークスーツを着用します。

パーティーのマナー

1　会食・ビジネスパーティーの作法

Point

ビジネスから一時離れ、親睦を図るために「会食」をすることがあります。食事をともにしながら楽しい会話をすることで人との距離が縮まり、ビジネス上のコミュニケーションもより一層円滑に進みます。

（1）出欠の連絡

　招待されたときは、先方の都合もあるのでなるべく早く出欠の連絡をします。

　出欠はがきの書き方は「慶事のマナー・結婚」の項目（p.250）で説明したとおりですが、電話や口頭で招待を受けたときには、その旨を上司に報告し承認を得ます。面識のないところからの招待や、趣旨がはっきりしない招待は受けないようにします。

　会費制の場合は受付で支払い、出席と連絡したものの急用で欠席してしまった場合には後で支払います。

（2）会食に招待するとき

　招待客に楽しんでもらうことが目的ですから、形式やもてなし方にも知識が必要です。

　先方(中心人物)の都合を聞き、日時・場所・料理を上司と相談して決めます。先方の会社所在地からの交通の便、料理の嗜好などを優先して会食場所を決めます。段取りが決まり次第、先方へ連絡するとともに場所の詳細を知らせます。

　当日は、早めに会場に行き下見し、席次を決めて先方が来るのを待ちます。招待する側が遅刻することは厳禁です。

　通常、上司が挨拶をしてから乾杯し会食が始まります。招待客に酒類の好みを聞き、アルコールが苦手な人には他の飲物を供すなど、皆が楽しめるよ

第**3**編　ビジネスマナー

257

うに世話係に徹します。

　お開き（宴会の終わり・閉会）のタイミングは2時間程経過した時点が目安とはなりますが、その場の雰囲気に合わせ臨機応変に対応します。手土産を用意して帰り際に手渡すこともありますし、場合により車の手配もします。

　会食の雰囲気次第では二次会に誘ったほうがよい場合がありますが、いずれにしても先方の気分、都合に気配りし決して無理強いしないようにします。

　レストランや喫茶店で打ち合わせや食事をするときは、支払う側が相手の希望を聞いて注文します。支払いは相手の目の届かないところで済ませます。

　取引先の担当者が外国人であれば、ご夫妻を招待することもあります。

（3）パーティーの種類

　パーティーに向く代表的な料理は西洋料理、日本料理、中国料理です。料理によって形式的なマナーにはそれぞれ違いがあることを知っておきましょう。

　大切なのは出席者が皆で気持ちよく会食を進めることなのです。企業に関わるパーティーには創立記念・就任披露・社屋落成・新事業発表・賀詞交換会（同業者で行う新年会）などがあります。一方、個人に関わるパーティーには結婚・賀寿・叙勲などがあります。

①西洋料理

ディナーパーティー 晩餐会（ばんさん）	夕食の時間に行われ、フルコースの料理が供される正式なパーティー。服装や席次に指定があり、もっとも格式が高い
ランチョンパーティー 昼食会	昼食時に行われ、コース料理が供される正式なパーティー
ビュッフェパーティー 立食会	昼夜は問わず食事と飲み物を供される立食形式のパーティー。出席者が自分で自由に料理を取り分け食事をする
カクテルパーティー 飲食会	夕方に行われ、お酒とオードブルなどでもてなす立食形式のパーティー

　多数の来客を招待する企業主催のパーティーはビュッフェ形式が最近の主流となっています。中央の料理台から適量の料理を取り、格式ばらずに多くの人と歓談できるパーティー形式です。会場に到着するとまずウェルカムドリンクが渡されます。乾杯とは別なので飲んでも構いません。乾杯やスピーチ時には会話、飲食は遠慮します。

　時間内であれば出席者は自分の都合に合わせ自由に出入りして構いません

が、タイミングを見計らって主催者に挨拶し、招待いただいたお礼を述べます。なお、早く帰る際の挨拶は不要です。

大きなバッグはクロークに預けますが、女性には小さめのクラッチバッグやハンドバッグが便利です。

椅子も用意されてはいますが高齢者や体の不自由な方優先の席と考えるべきです。会場では多くの人と会話を楽しむことも目的の一つです。立食形式では自由に移動ができ、多くの人と交流がもてるため積極的に会話に加わるようにします。皿には二、三品ほど食べきれる分だけ取ります。

②日本料理

懐石料理 （かいせき）	料亭や茶事の席などで一品ずつ供される正式な料理
会席料理 （かいせき）	料亭や披露宴の席などでお酒を楽しむ際に供される宴会用の料理
精進料理 （しょうじん）	肉や魚を使わない料理。本来は寺院の料理だが、最近は料亭などでも供される

日本食は「箸づかいに始まり、箸づかいに終わる」といわれており、箸づかいのマナーが大切です。

箸の持ち方

中指を２本の箸の中に入れるようにして、親指、中指、人差し指で支える。

①箸のほぼ中央を右手で上から取る。

箸の取り方

②箸の下に左手を添える。

③左手で箸を支えながら、右手を下に回して正しく持ち替える。

箸づかいのタブー

迷い箸	どの料理を食べようかと迷いながら料理の上をあちこち箸を動かすこと
寄せ箸	食器を箸で手前に引き寄せること
ねぶり箸	箸についたものを口でなめたり、くわえたりすること
刺し箸	料理に箸を突き刺して食べること
握り箸	箸を握りしめて持つこと。箸本来の機能を生かせない。また食事の途中で握ってしまうと相手には攻撃姿勢と映る危険性もある
探り箸	汁物の中を箸で探り自分の好きなものを探り出したりすること

涙箸	箸の先から料理の汁などをぽたぽた落とすこと
直箸 (じかばし)	取り箸を使わないで、大皿料理を自分の箸で取ること
渡し箸	食事の途中で箸を食器の上に渡し置くこと
立て箸	死者の枕元に供える枕ご飯に箸を突き刺して立てるため、仏事を連想させてしまう
箸渡し	箸と箸で食べ物をやりとりすること。火葬の後、骨を拾うときに同じ動作をするので縁起が悪い

・迷い箸
料理の上であちらこちら
に箸を動かす。

・寄せ箸
器を手元に引き寄せる。

・ねぶり箸
箸先をなめる。

・刺し箸
食べ物を突き刺す。

・握り箸
そろえて握って使う。

・探り箸
箸で料理を選び出す。

・涙箸
汁やしょうゆなど
をたらす。

・渡し箸
器の上に渡して
置く。

正座で足がしびれたときは「失礼いたします」と断った上で、多少足を崩しても構いません。

主客が食べ始めるのを見届けた後に食べ始めますが、周囲の様子、特に上司より一歩下がった振る舞いをします。離れたところにいる来客のお酌をする際は来客の隣あたりに正座し、その席にある銚子でお酌をします。

（4）服装と席次

①服装

　会食では時、場所、機会の三要素をわきまえることが求められます。

　パーティーの招待状に服装の指定（ドレスコード）があればそれに従います。特に指定がなくてもパーティーの趣旨、開催場所、時刻によって服装のルールは異なります。

　ビジネスパーティーの場合、職場から直接会場へ行くことも多いので、男性はダークスーツ、女性はスーツ・ワンピースが適当でしょう。

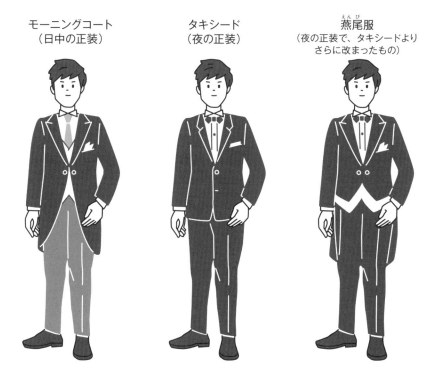

モーニングコート
（日中の正装）

タキシード
（夜の正装）

燕尾服
（夜の正装で、タキシードより
さらに改まったもの）

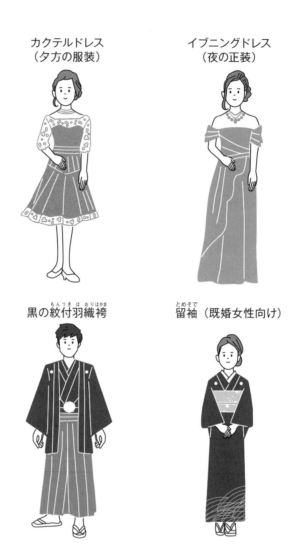

カクテルドレス
（夕方の服装）

イブニングドレス
（夜の正装）

黒の紋付羽織袴
（もんつき は おりはかま）

留袖（既婚女性向け）
（とめそで）

※この他、ブラックスーツ（男性の略式正装）、アフタヌーンドレス（女性の日中の正装）、振袖（未婚女性向けの和装）については、「慶事のマナー・結婚」の項目（p.252）を参照してください。

②席次

レストランで西洋料理が供される場合には眺望が良い席が上座です。
日本料理の座敷では床の間を背にした席が上座です。

（5）会食のマナー

　姿勢を正し、明るい話題、趣味や旅行、スポーツなどをテーマに選んで歓談します。政治、宗教の話は避けるべきです。たとえ仕事の話になった場合でも細部に立ち入らず和やかな雰囲気を維持することが大人のマナーなのです。お酒は主客に合わせていただくと親密感を演出できますが、上司のペースより控え目にすれば間違いはありません。

①西洋料理のマナー

　テーブルマナーとは周囲の人に不愉快な思いをさせないための基本のたしなみです。

　大きな荷物はクロークに預けます。

　椅子に座る際は、上位者が着席した様子を見届けた後に左側の椅子から順番に着席します。

　ナプキンの使い方は折り目を手前にしたまま二つ折りにして用います。食事中は中座をしないのが基本ですが、中座せざるを得ないときは椅子に置き、食事が終わったらテーブルの上に置きます。

　食べる速度は周囲の人に合わせます。

◆ナイフ・フォークの使い方

　供される食事の順番に合わせ外側から使用します。食事中はカチャカチャと音を立てないように気をつけます。食事の途中は皿の端の左右に八の字形になるように置き、終了時は右側に揃えておきます。

　床にナイフやフォークを落としてしまっても自分で拾わず、店の人を呼んで処理をお願いします。

食事中　　　　　　　　食べ終わったら

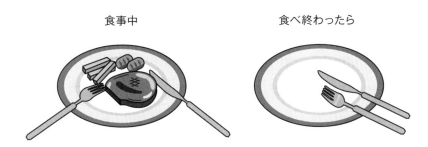

②中国料理

　円卓中央のセンターテーブルに置かれた大皿の料理をまずは主客が取った後に順に回し、各人が小皿に取って食べます。入口から遠い席が上座になります。

弔事のマナー

1 哀悼の意を伝える作法とは

Point

人が亡くなったという知らせ、いわゆる訃報（ふほう）は突然受けるものですが、迅速な対応と細やかな配慮が必要です。社会通念上のマナーを心得えて対応することが求められます。

（1）逝去（せいきょ）を知った時点での確認事項

　取引先の人や社員の身内の訃報に接したら、以下を確認し上司に報告します。会社として対応するのか、部課単位でまとめて対応するのか、個人として対応するのか、また誰が通夜や告別式に参列するかなどについて上司の判断を求めます。

①逝去の日時と死因　②通夜の日時と場所
③葬儀・告別式（どちらも葬式とも呼ぶ）の日時と場所　④葬式の形式
⑤喪主の氏名・住所・電話番号・続柄

（2）対応

　社員の身内が亡くなった場合は、通夜・告別式への参列者を決めることが先決です。また、会社からの手伝いは必要かを確認します。会社の規定に合わせて弔電や香典、供物、供花の手配をします。

（3）供物・供花の手配

　供物とは、故人をしのび神仏に供えるために贈るものの一つです。これが生花の場合には、供花と言われます。
　宗教や地域により形式が異なるので注意が必要です。日本では仏式、神式、キリスト教式の三つが代表的で、おのおのの作法に従います。通夜に間に合うよう早めに手配しますが、先方が辞退するケースもあるので事前に確認します。

宗教	供物
仏教	生花・造花・線香・果物など
神道	榊（さかき）・日本酒など
キリスト教	白い生花

（4）弔電を打つ

　通夜・葬儀・告別式のどちらにも参列できない場合などに、お悔やみの気持ちを伝える電報を弔電といいます。電話（115番）やインターネットで申込みを受け付けています。弔電の受取人は、故人ではなく喪主あてとなるため事前に氏名を確認しておきます。送り先は、受取人の住所ではなく通夜・葬儀の会場へ直接送るため、斎場名と住所を確認しておきます。文面は、故人が信仰していた宗教によって使用を避けるべき用語がありますので注意が必要です。弔電を打つ前に文例集を参考にするのもよいでしょう。

（5）通夜・弔問（つや・ちょうもん）

　通夜とは遺族、親族、近親者、親しい人が集まって一夜を過ごし最後の別れを惜しむ儀式で、弔問はお悔やみを述べるため訪問することです。ビジネス上の付き合いでは告別式に会葬（葬式への参列）するのが原則ですが、都合によっては通夜に弔問しても構いません。通夜振る舞い（参列者へのお礼やもてなし）があるのが通例ですが、長居はせず故人に関係のない話も避けるのが礼儀です。

（6）葬儀・告別式

男性　　　　女性

　葬儀は故人の遺族と近親者だけで執り行う別れの儀式で、告別式は会社関係者、友人、知人などの一般の人々が故人に最後の別れを告げる場です。葬式（葬儀、告別式）は宗教によって作法が異なるのであらかじめ確認します。いずれにしても身だしなみを整え香典を持参します。葬式の途中退席もできるだけ避けます。

①弔事の服装

先方に失礼のないように作法を守る必要があります。

通夜はとりあえず駆け付けることが趣旨でもあるので、ダークスーツなど地味な色合いの服であれば平服でも構いません。派手な色の服装のときは弔問自体を遠慮する心配りが必要です。告別式に会葬するときには男性は黒のスーツ、女性は喪服となります。女性は化粧を控えめにし、洋装の場合はストッキングや靴、バッグも黒に統一します。靴やバッグも地味なものとし、アクセサリーは着用しませんが、一連の真珠のネックレスと結婚指輪であれば構いません。

喪章は死を悼む気持ちを表すために付ける黒の腕章やリボンのことですが、これらは葬式の担当者が身に付けるものです。

②香典

宗教によって上書きが異なります。

宗教	上書き	
仏教	御香典・御香料・御仏前（四十九日後）	すべての宗教に共通なものは御霊前
神道	御榊料・御玉串料・御神前	
キリスト教	お花料・御ミサ料	

金額に合わせて不祝儀袋の見映えにも配慮します。

水引（包みを結び留めるひも）は黒白か銀一色が一般的で、二度と繰り返さない結び切りとし、表書きは「涙で薄くなる」との気持ちを込め薄い墨で書きます。現金は中袋に入れて、中袋の表に金額、裏に住所と氏名を書きます。

お札はあえて古い札とし、突然のことで新札を用意することができないとの気持ちを込めています。外袋の折り返しは、不幸や悲しみが流れていくようにという意味で下向きにします。不祝儀袋はふくさに包んで持参します。

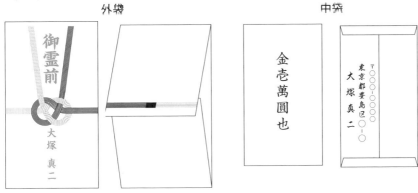

外袋　　　　　　　　　　　　　中袋

③礼拝の仕方

受付で一礼のうえ、不祝儀袋を「ご霊前にお供えください」「このたびはご愁傷様です」と言いつつ先方に向けて差し出します。

忌み言葉（縁起の悪い言葉）の「重ね重ね」「続いて」などの言い回しは悪い連想につながりますから使わない気配りが必要です。

上司の代理で弔問し芳名帳に記帳する場合には、上司名を記名し左下に「代」と書きますが自分の名前は書きません。また代理である旨を言う必要もありません。

通夜、告別式で知人に会ったとしても遺族の気持ちを思いやり、目礼程度の挨拶に留めます。遠方での葬式に参列できない場合は悔やみ状を添えて香典を現金書留郵便で郵送します。

なお、以下の通り宗教によって礼拝の仕方が異なりますので注意しましょう。

宗教	礼拝の仕方
仏式	焼香
神式	玉串奉奠（しのび手）
キリスト教式	献花

第3編　ビジネスマナー

仏式　焼香の仕方

①自席で次の人に会釈し、席を少し出たところで遺族に一礼。霊前の3〜4歩ほど前で霊前に向かって一礼する。

②抹香を右手の親指、人差し指、中指でつまみ、軽く目の高さまで捧げ香炉にくべる。

③霊前に向かって合掌し、一礼する。少し下がって遺族、僧侶に軽く一礼して、席に戻る。

仏式　線香のあげ方

①遺族と僧侶に一礼した後、祭壇の前で合掌し、線香を一本とり、ろうそくの火を移す。

②手であおいで炎を消す。口で吹き消さない。数珠を持っている場合は線香を左手に持ちかえて右手で消す。

③香炉に立てて合掌する。一礼して下がる。

神式　玉串の捧げ方（玉串奉奠）

①神職に一礼して玉串を受け取る。右手で枝の方を上から持ち、左手で葉先を支えて受け取り、神前から3〜4歩手前で捧げて一礼する。

②葉先を前に（根元を自分に）向ける。次に右手と左手を持ちかえて、時計回り（右回り）に回し葉先を手前にする。右手と左手を揃えて玉串案に置く。

③一歩下がって神前に向かって二拝し、音をたてず二回拍手し（しのび手）一拝して、席に戻る。二回拍手一拝のみでも構わない。

キリスト教式　献花の仕方

①次の人に一礼、祭壇に進み出て牧師（司祭）、遺族に一礼し花を受け取る。右手で下から花の方を捧げ持ち左手で茎の方を上から持ち、献花台の前に進む。

②霊前に一礼し、花が手前になるように時計回りに回し、献花台に捧げる。

③静かに黙とうし、2〜3歩下がって牧師（司祭）、遺族に一礼して自席に戻る。

（7）その他の葬式
①社葬
自社に高い功績のあった地位の高かった人、不幸にして業務上の理由で亡くなった人に対して行います。式次第に特段変わりはありませんが、会社が葬儀の運営主体ですから葬儀費用は会社が負担し、総務部が運営を担当、社員が現場整理などを手伝うことになります。
②密葬
身内や親しい友人などだけで執り行う葬儀の形式ですから、ビジネス上の付き合いでは参列しません。
③家族葬
家族や親族、親しい友人、知人で小規模に行う葬儀形式を家族葬と呼び最近では増えてきました。基本的に遺族側から参列の案内があった場合のみ参列をします。

（8）法事（法要）
法事は法要ともいい、故人の冥福を祈る儀式です。仏式と神式で取り行われます。
①仏式
「初七日」は本来死後7日目に行いますが、最近は告別式の直後に行われるのが一般的です。

死後49日目頃に行う法事を「四十九日」と言い、この日を忌明けとも言います。1年後に「一周忌」、2年後に「三回忌」、さらにそれ以降「七回忌」「十三回忌」などが営まれます。

喪主からの香典返しは「四十九日」後に「志」「忌明」と上書きして行います。一般的に、食品や日常品など消えてなくなるものにします。香典返しに対してお礼は不要です。

なお、喪中＝忌中（故人の近親者が喪に服し派手な振る舞いを慎む期間）には年賀状を受け取らないのが一般的ですから、毎年年賀状をもらっている相手に対しては喪中はがきを出し、新年の挨拶を遠慮する旨の通知をしておきます。
②神式
通例50日祭の際に埋葬祭を執り行います。その後は、1年、3年、5年、10年、20年、30年、40年、50年と、それぞれの節目に行います。

病気見舞い

1 入院中の体と心を思いやる

Point

病気やけがをした人のお見舞いをする際にも、慶弔と同じようにふさわしいマナーがあります。病人を気遣う心配りを具体的に表現する対応方法を学びます。

（1）対応

　入院の事実を知った時点で、病名、入院先、入院期間、容態、面会可否、面会時間などを可能な範囲内で確認します。治療に専念すべき入院直後は避けるべきであることはもちろん、入院患者にとってお見舞いが負担になるケースもありますから、家族など親しい人に本人の意向を打診する気遣いが求められます。

　取引先などの社外の人を見舞う場合には、その地位にふさわしい社内の人が行く必要があります。また社内の人であれば部課単位でまとめ、代表者がお見舞いに行きます。

　大人数で押し掛けるようなことは避けます。なお、お見舞いに行く時間については本人または家族に事前に知らせておきます。

　お見舞いは現金（目上には失礼に当たるため出しません）、商品券または病状に適したものを用意します。現金を贈る場合は、白封筒に「御見舞」と上書きし、下に名前を書きます。花は鉢植えだと「根づく」が「寝づく」を連想させ、縁起が悪いと嫌われます。切り花かフラワーアレンジメントにしますが、匂いの強いものや花弁の散るものは避けます。シクラメンも「死・苦」などを連想させますので避け、葬儀に用いる菊も避けます。規則で花を持ち込めない病院も増えていますので、前もって調べておきましょう。

　お見舞いに行くときの服装は派手すぎずカジュアルすぎずがマナーです。女性の場合であれば香水はつけません。

病人が疲れてはいけませんから長居は避け、10～15分を目安に辞去します。同室の人にも気を配り、大声で話すことはやめましょう。仕事の話は原則避り、どうしても必要な場合には最小限に留めます。

（2）病気が回復したら

お見舞いをしてもらった場合、本人は退院後に「快気祝」や「全快祝」として回復を兼ねた礼状とお礼の品を贈ります。時期は退院後落ち着いてからお見舞いの3分の1か半額程度の品を贈ります。

お見舞いの袋

快気祝の懸け紙

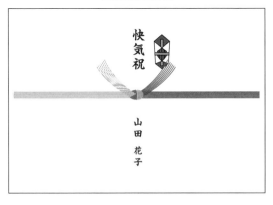

贈り物と上書き

1 状況を踏まえつつ、相手に気持ちを伝える

Point 状況に応じて、その時々の気持ちを相手に伝えるのが贈り物の目的です。年中行事となっている贈り物と、個別の状況にふさわしい贈り物に大別できます。タイミングを適切にとらえ、心が込もっている印象を相手に持ってもらうことが求められます。

（1）対応

　趣旨、相手との関係、予算などを考慮し、喜ばれるものを選びます。むやみに高価なものや大きな品は、かえって相手に負担をかけるのでよくありません。結婚と弔事には現金を贈ります。その他の状況ではデパートやインターネット上の進物サイトなどから品物を贈るケースが多いですが、その際は別途贈り物の趣旨を手紙にしたためて品物の到着前に送っておきます。

（2）季節の進物

　お世話になっている人に感謝の気持ちを表すために贈ります。最近は贈答品を禁止している会社も多くなっており、相手先の考え方を確認します。
　贈る時期によって上書きは異なります。

上書き	時期
御中元	7月1日〜15日まで
暑中御見舞	7月15日〜8月立秋まで（目上には暑中御伺）
残暑御見舞	8月立秋〜9月初めまで（目上には残暑御伺）
御歳暮	12月1日〜12月25日頃まで
寒中御見舞	12月25日頃〜年末までと1月7日〜節分まで
御年賀	1月1日〜1月7日まで

御中元・御歳暮どちらかのみ贈る場合は御歳暮にします。会社あてに贈る場合は、社員で分けやすい飲み物や個装になっている菓子などが喜ばれます。

喪中であっても、日頃の感謝を表すものなので贈ることは構いません。

お返しは必要ありませんが礼状を出します。

（3）災害見舞い

現金がふさわしいですが、場合によっては食料を贈ったり復旧の手伝いに出掛けたりすることもあります。

（4）落成式・記念式

花瓶や酒などの祝い品を贈ります。招待状にはすぐ返事を出します。

（5）上書きと祝儀袋

現金は適切な祝儀袋、不祝儀袋に入れて持参します。

①祝儀袋

水引とは進物の包装を結ぶ飾り用の紐のことです。「結び切り」と「蝶結び」の2種類があります。結び切りは「二度とこのようなことがないこと」「一度きりにしたいこと」を意味しています。蝶結びは「何度あってもよい祝い事」「出産」や「新築」などに用います。色は紅白または金銀で、「熨斗」がついています。

熨斗とは「熨斗あわび」とも言われます。一般的に慶事における進物・贈答品に添える飾りです。元来は長寿を表す「鮑」からきています。現在は黄色い紙を長六角形の色紙で包んだ形状をしているものが使われています。

水引の上部中央に上書きを、水引の下に濃い墨ではっきりとフルネームで名前を書きます。

中袋に金額・住所・名前を書き、新札を入れます。

②不祝儀袋

水引は結び切り、黒白または銀一色で、熨斗は付きません。上書きは薄い墨で書き、新札は使用しません。詳しくは「弔事のマナー」の項目（p.266）を参照してください。

水引の掛け方のまとめ

用途	水引の色と結び方
結婚	紅白・金銀の結び切り
一般の祝い事	紅白の蝶結び
弔事	白黒・銀の結び切り
病気見舞い	水引なしで上書きのみ
災害見舞い	結び切り

　中身と金額のつり合いを考え、金額にふさわしい祝儀袋、不祝儀袋を選びます。

祝儀袋の書き方

　連名で書く場合は3名まで、右側が上位者・中央が中位者・左側が下位者です。受取人の名前を書くときは、左側が上位者・中央が中位者・右側が下位者とします。

　4名以上の場合は、代表者の名前を書きます。贈り主が4名以上の場合は上

位者の名前だけ書き、その左側に一字下げて「他一同」と書きます。

会社名を入れる場合は、名前の右側に小さく書きます。

名刺を貼る場合は左下に貼りますが、略式となりますので注意します。

上書きと使用例一覧表

上書き	用途
寿	結婚・賀寿・出産など
御祝	新築・受賞など
内祝	慶事などの当人からの配り物またはお返し
御霊前	すべての宗教の葬儀
御香典・御香料・御仏前	仏式の葬儀・告別式・法事
御玉串料・御榊料・御神前	神式の葬儀・告別式・霊祭
お花料	キリスト教式の葬式・追悼式
御布施	お寺や僧侶への御礼
志・忌明	香典返し
御見舞・祈御全快	病気見舞い
快気祝・全快祝・内祝	病気見舞いのお返し
震災御見舞	地震のお見舞い
類焼御見舞	もらい火のお見舞い
陣中御見舞	選挙や試合のお見舞い
粗品	手土産
御礼・謝礼・薄謝	お礼
寸志	目下へのお礼
御餞別・記念品	転勤や旅立ちに贈る
御車代	交通費として出す謝礼
金一封	金額を明示しない寄付金や賞金
御祝儀	心づけ・チップ
御奉納	地域の祭礼への寄付
竣工御祝・落成御祝	建物が完成したとき
ご酒肴料	取引先の社員旅行や自社の催事などの際の心づけ

文書類の受け取りや発送について

1 郵便物・文書の取り扱い

Point

文書類を受け取ったときや発送をするときには、その文書類の内容と目的を正確に認識した上で、それに見合った取り扱いをすることが求められます。

（1）受け取り

　社内外から受け取った郵便物や文書は、その内容により仕分けを行い各担当者に渡します。

開封してよいもの	公信・DM（ダイレクトメール）・速達
開封してはいけないもの	親展・書留・秘文書・迷うもの・個人あて私信

　「公信」は会社関係の郵便ですので開封します。「私信」は、私用の通信物です。個人的な郵便ですので開封しません。

　「DM」は、広告を目的とした郵便物です。業務に関係のあるもの以外は破棄します。

　「親展」は本人が直接開封するものです。「書留」は重要な文書類であることを示しています。

　「書留」の配達時の受け取りは対面手渡しのため、証明するためのサインか印鑑が必要となります。

（2）発送

　郵便、宅配便、電子メールなどを利用します。

　会社によって、社内文書は「社内便」で送る場合もあれば、自分で持参する場合もあります。

①秘文書の取り扱い

社内文書は直接本人に手渡し、受渡簿に受領印をもらいます。

社外文書は書類に秘印を押し、二重封筒に入れます。外側の封筒に親展の表示をして簡易書留で送ります。

◆**秘密を守る**

秘密文書の種類を理解します。社外秘は社外には秘密で、部外秘は部外には秘密という意味です。

秘文書については、たとえ短時間席をはずす場合であっても、そのつど鍵のかかった引き出しにしまうなどの配慮をします。社外秘、部外秘の事柄は口外してはいけませんし、聞かれたときは知る立場にないと言います。

2 ビジネスにおける郵便の役割

Point

相手先に確実に、タイミングよくかつ安価な方法で届けるために郵便の基本知識を学びます。ビジネスでは特に第一種郵便物の手紙、DM と第二種郵便物のはがきが活用されています。

（1）郵便物は4種類

郵便物は4種類に分類されます。ここでは、このうち第一種・第二種郵便物について説明します。

第一種郵便物	手紙（定型・定型外郵便物）、郵便書簡、DM など
第二種郵便物	はがき
第三種郵便物	定期刊行物のうち日本郵便株式会社から許可を受けたもの
第四種郵便物	通信郵便、学術刊行物など

（2）第一種郵便物の手紙・DM

①定形郵便物（料金は令和3年12月時点）

縦・横・厚み・重さが規定条件を満たしているものです。

重量　25g以内 84円

重量　50g以内 94円

②定形外郵便物

定型郵便物のいずれかの条件が規定を外れている場合です。

重量　50g以内 120円

③レターパックライト

A4サイズ、重量4kg以内、厚さ3cmまで

全国一律料金 370円　追跡サービスで配達状況を確認できます。

④レターパックプラス

A4サイズ、重量4kg以内であれば3cm以上も可

全国一律料金 520円　追跡サービスに加え、対面で手渡し。

◆封筒

封筒には、縦長の和封筒と横長の洋封筒があります。

ビジネスでは会社名が印刷されている社用封筒を用います。

表書きの書き方は「社交文書の種類と形式」の項目（p.195）を参照してください。

脇付けとは手紙の内容や添付書類を知らせるための簡単な説明書きです。「在中」は封筒の中身を明記する際に使い、例えば写真を入れたときは「写真在中」と記載します。また、あて名人以外が開封しないように注意を喚起する場合は「親展」と記します。

速達の場合、はがきや封筒の上辺に赤い線を引くか、切手の下に速達と朱書きをします。

ホテル宿泊中の人に書類を送るときは「○○ホテル気付」とし、本人の名前を書きます。

封の仕方は糊付けが基本です。合わせ目に「封」「緘」「〆」と書きます。

料金不足の郵便物の場合は、差出人に返送される、受取人に届いて不足額を支払う、などの方法がとられます。返送されると肝心の用件が伝わらないだけでなく、受取人に不足額を払わせるのは少額とはいえ失礼となりますので、料金は確信がもてない場合は調べます。

（3）第二種郵便物のはがき

はがきには以下の3種類があります。

①通常はがき＝63円

表面の2分の1以内のスペースであれば通信文を書くことができます。

②往復はがき＝126円

左側が往信、右側が返信の見開き2枚の状態になっているはがきで、会議開催の案内などに用います。（なお、結婚式へ招待する場合には往復はがきを用いず、招待状の中に出席の可否を記入する返信用はがきが入っています）

◆往復はがきを出すとき

往信の表面に宛先となる住所、会社名、部署名、受取人名などを書きます。受取人の敬称は手紙と同様です。往信の裏面には、会議の開催などの伝達事項を分かりやすく書きます。

返信の表面にはあらかじめ自社名、住所、受取人の担当部署、担当者名を明記しておきます。受取人の敬称は付けずに「行」とします。返信部分の裏面には会議の出欠可否、相手の返事などの記入欄を設けておきます。

◆往復はがきを返すとき

裏面の出欠可否や記入欄に返事を書きます。

表面のあて名には「○○行」と記載されているので、このうち「行」の文字を二重線で消し、個人あてなら「様」、団体あてなら「御中」に書き換えます。

出欠の返事に、「出席いたします」など一言添えると丁寧な印象を与えることができます。欠席の場合は簡単にその理由を書くとよいでしょう。

投かん時は往信部分を切り離し、返信部分のみ送り返します。

③私製はがき＝料金は通常はがきと同じ

通常はがきと大きさや重さが同じであることが条件となっており、「郵便はがき」または「post card」と表示することが必要です。

（4）書き損じ

書き損じたはがきや郵便書簡、汚れてしまった切手は、手数料を払えば新しいものに交換できます。手数料ははがきや切手が5円（10円未満の切手は半額）、往復はがきや郵便書簡は10円です。

さまざまな配送サービス

1 特殊郵便物・大量郵便物・宅配便

Point 日本郵便が取り扱う郵便は文書類の代表的な発送方法です。また、宅配事業者が扱う宅配便も普及しており、いずれもビジネスではよく使われます。それぞれの特徴について学び、適切な使い分けができるようにしましょう。

（1）特殊郵便物

①速達

通常郵便物や小包を至急送る場合に用います。250g までは 290 円が加算されます。郵便物の上部に速達の朱印を押すか、上辺に赤い一本線を引きます。

②一般書留

引き受けから配達まで、郵便物の配送過程をすべて記録し、万一郵便物が破損したり、届かなかったりした場合には規定に従い賠償を受けられます。商品券、小切手、為替などの貴重品を送るときに利用します。

③簡易書留

引き受けと配達のみ記録され、5 万円を限度とした賠償を受けられます。原稿や秘文書、小切手などの額面が少額のものを確実に送る必要のあるときに利用します。

④現金書留

現金書留専用の封筒を使用します。硬貨を含め 50 万円まで現金を送ることができます。手紙の他、祝儀、不祝儀袋も入れられるので結婚や葬儀の際に利用できます。

⑤内容証明

書留に限り郵便物の郵送年月日と文書の内容を証明してもらえます。

⑥配達日指定郵便

郵便物の配達日を指定できます。誕生日カードを送る、記念日にプレゼントを届けるなどに便利です。

⑦電子郵便（レタックス）

FAXで引受郵便局からあて先の郵便局に送り、速達扱いで届けるシステムです。自筆の文字やイラストも入れられます。祝電の代わりに利用することが多いです。

⑧ゆうパック＝一般小包

重さや大きさが通常郵便を超えるときに利用します。長さ・幅・厚さ・重さが定められています。請求書や添え状も添付できます。速達・書留扱いもできます。

⑨ゆうメール

1kgまでの本やカタログ、CDなどの電子記録媒体を割安に送付できます。中身が分かるよう袋の一部を開くか無色透明部分がある包装をします。信書は送付できません。ポストからも投かん可能です。

⑩郵便振替

先方が郵便振替口座を持っているときに、郵便局を利用して送金できるシステムです。手数料は割安ですが、日数はかかります。

（2）大量郵便物

①料金別納郵便

同額料金の郵便物を同時に10通以上発送する場合に利用します。定められた「料金別納郵便」を表示印刷またはスタンプすることで切手を貼る手間が省けます。

②料金後納郵便

毎月50通以上の郵便物を出す場合、差出局の郵便局の承認を得て利用します。切手を貼る手間が省け、1カ月分の料金を翌月一括払いができます。

③料金受取人払

返信する場合にのみ、その受取人が郵便料金を支払います。回収率の低いアンケート調査などの返信用に利用します。郵便料金の他に手数料がかかります。

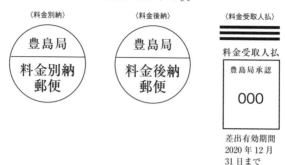

郵便スタンプの例

〈料金別納〉
豊島局
料金別納
郵便

〈料金後納〉
豊島局
料金後納
郵便

〈料金受取人払〉
料金受取人払
豊島局承認
000
差出有効期間
2020 年 12 月
31 日まで

（3）その他の配送サービス

①宅配便

日本国内ならおおむね翌日までに配送できます。即日配達や時間指定もできます。

②バイク便

数時間で荷物を送ることができますが、料金は宅配便より割高です。

オフィス環境と事務機器

1 環境整備・事務機器・物の数え方・コピーの取り方

Point 仕事のしやすい職場環境を整えることで仕事もはかどり、また来訪者にも職場が整理整頓されているという、よいイメージをもってもらえます。さまざまな事務機器の機能、コピーの取り方などの知識も求められます。

（1）環境整備

①ドアにドアチェック（ドアをソフトに閉じる機器。ドアクローザーとも呼ぶ）をつけると、開閉がスムーズになり不快な音もしなくなります。

②室内の温度は、冬は20度、夏は25度くらいが適温ですが、省エネの観点から冬は19度、夏は28度が推奨されています。

③オフィスレイアウトの面では、新人はなるべく出入口付近に位置し、来客の取り次ぎなども行います。

（2）事務機器

ステープラ（ホッチキス）	書類を留める文房具
ナンバリング	一連の数字の続き番号を打つ器具
チェックライター	小切手や手形の金額欄に数字を印字する器具

（3）物の数え方

手紙	通
会議	件
エレベーター	台・基
茶碗	客
椅子	脚
書類	部
小説	編

（4）コピーのとり方とまとめ方

　①用紙サイズと枚数を確認します。通常サイズはA4です。

　②ステープラで留めます。文頭の位置で留めるのが原則です。

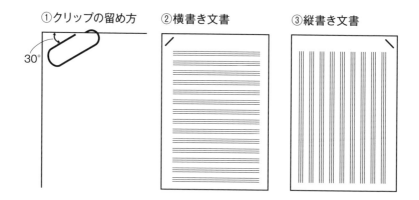

①クリップの留め方　　②横書き文書　　　③縦書き文書

会議の種類・形式・用語

1 目的によって会議の形は変わる

Point

日本のビジネス社会において、会議が合意形成に果たす役割は大きいものがあります。ビジネスを推進するには、必要な会議を適切な形でタイミングよく、そして効率よく開催することが重要です。さまざまな会議の種類・形式を知り、用語についても理解を深めましょう。

（1）株式会社の会議

会議の種類	会議の内容
株主総会	株主によって構成される株式会社の最高意思決定機関です。取締役の選任、定款の変更、決算の承認などが主な議題です。1年に1回は開催します。
取締役会	3名以上の取締役によって構成されます。業務執行上の重要な意思決定を行います。
役員会	重役会、常務会ともいわれます。社長・専務・常務・監査役など役員によって構成されます。会社業務の方針を決める会議です。

（2）会議の形式

会議の形式	会議の目的
円卓会議	数人から20人くらいまでの比較的少人数でテーブルを囲み、自由に話し合うことを目的とした形式。フリートーキングともいいます。
パネルディスカッション	公開討論会の一つ。あるテーマについて数人の専門家が代表者（パネリスト・パネラー）として司会者（コーディネーター）のもと聴衆の前で討議を行う。その後聴衆から質問を受ける形式。
フォーラム	公開討論会の一つ。公開座談会。参加者の自由な討論を基本とし、参加者全員で質疑応答をする形式。
シンポジウム	あるテーマについて4、5人の専門家がそれぞれの立場で講演を行った後、参加者に質問や意見を求める形式。

第3編 ビジネスマナー

バズセッション	会議や演習に用いられる手法。参加者を5、6名のグループに分けてグループごとに自由に話し合った後、リーダーがそのグループの意見を発表する形式。ガヤガヤ会議ともいいます。
ブレーンストーミング	アイデアを出すことを目的に行う会議で、実現不可能なアイデアでもお互いに批判しないことが原則。アイデア会議ともいいます。

（3）会議用語

会議用語	会議の説明
招集（しょうしゅう）	会議開催のために関係者を集めること
議案（ぎあん）	協議事項、議題
定足数（ていそくすう）	会議の決議成立に最低限必要な出席者の人数
提案（ていあん）	議案を提示し結論を求めること
動議（どうぎ）	予定された議案以外に、議題を口頭で提出すること
採決（さいけつ）	議決ともいいます 挙手、起立、投票などの方法で議案の可否を決めること
諮問（しもん）	組織の上位者が、下位者に特定の問題について意見を求めること
答申（とうしん）	諮問に対して答えること
一事不再議の原則（いちじふさいぎ）	いったん会議で決まったことは、その会期中に二度と持ち出せないという原則のこと
キャスティング・ボート	採決にあたって賛成と反対が同数になった場合、議長が採決のための投票権を行使すること

準備から後始末まで

1 入念な下準備が会議を成功に導く

Point
会議を開催する際には意思決定、情報交換、相互啓発、アイデア収集などの目的を明確に定め、入念に事前準備を行う必要があります。目的自体があいまいなもの、電子メールで済むようなものは時間、準備、出席者を必要とする会議にはなじみません。

（1）会議の準備

①会議の目的・出席者・日時・場所の確認

社内会議なのか、社外会議なのかで運営方法は異なります。

・社内会議＝社内の人のみ出席する会議

・社外会議＝社外の人が出席する会議

会議の目的を明確にした上で、上司と相談しつつ準備作業を取り進めます。

②案内状の作成

社内会議なのか、社外会議なのかで通知案内のやり方や通知時期が異なります。

＜社内会議＞

文書、電子メール、電話、口頭などで、事前に通知します。

＜社外の人を招く会議＞

文書で通知するのが一般的です。状況に応じて通知します。

定例会議は席上で次回の開催日を決めるので、基本的には開催案内は不要です。

第3編　ビジネスマナー

287

③会場設営

会場を検討する際のチェックポイントとして、以下があります。

・交通の便

・駐車場の有無

・周囲の環境

・スクリーンなどの設備　　など

会場の設営は、出席者数や会議の目的によって最適な形を選ぶ

形式	説明
ロの字型	参加者全員が顔を見合わせ、適度な距離感で意見交換が行えるレイアウト。ロの字の中央に空きスペースができるため、ある程度の部屋の広さが必要。
コの字型 Vの字型	発表会や業務報告など、ホワイトボードやスクリーンを見ながら進める会議に適している。ロの字型と同様、机を配置するスペースがいるため、ある程度の広さを確保する必要がある。
スクール型 （教室型）	勉強会や講演、セミナーなど、1人が複数の人に対して情報伝達を行う際に向いている。資格試験や筆記試験などの際にも使用される。参加者全員で意見交換やディスカッションをする場合には不向き。

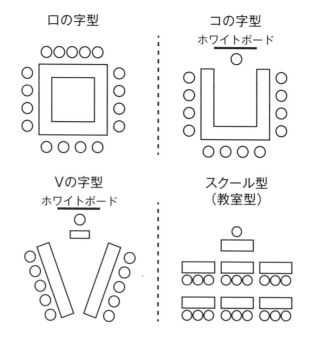

④用意するもの・準備すること

社外会議では、卓上と胸用の名札を作成し、特に卓上名札は席順に従っ
てあらかじめ卓上に置いておきます。

資料はあらかじめ各出席者の卓上に置いておきます。会議前に郵送やメール
添付などで事前配布し、目を通した上で会議に臨んでもらう場合もあります。
必要に応じて、ホワイトボード、マイク、プロジェクター、パソコンなどの
設営も行います。

会議後の懇親会の手配をすることもあります。また、全国あるいは海外か
ら関係者が集まる場合は、宿泊の手配をすることもあります。

（2）会議中の仕事
①出欠調べ

出席予定者リストを作成しておき、当日に出欠状況を調べます。その結果
を会議責任者に報告します。出席予定であるにもかかわらず当日来ない人
には問い合わせの連絡をする場合もあります。

②接待

一般的には飲物は午前1回、午後1回、昼食の前後に出します。最近はペッ
トボトルを出すことも多くなっています。場合により食事を用意します。

③会議場管理

冷暖房、換気の調整、騒音に注意します。

④記録取り

議事録用に録音をします。簡単なメモを取る記録係も必要です。

⑤急を要する仕事

会議出席者への緊急の電話や来客は、メモで取り次ぎます。

（3）会議後の仕事
①部屋の片付け
②出席者へ伝言があれば伝える
③会場に忘れ物がないか確認
④場合により出席者への配車の手配
⑤預かり物の返却
⑥借会場の場合、費用の精算を行う

◆議事録

　会議の開催から終了までを正確に記録し、保管しておくことが目的です。結論を明確に記録しておきます。

　作成については「社内文書の種類と形式」の項目（p.177～178）を参照してください。

（4）会議へ参加する際の留意点

①出欠の返事を確実に行う

②会議の開始時間に遅れないよう会場へ行く

③事前に資料に目を通しておく

④意見をまとめておく

⑤他人の意見を聞く

⑥発言する際は結論から言う

文書類の保管

1 ファイリングの重要性

Point

日々増える書類、資料などの文書類を効率的に分類整理し、保管する
方法を学びます。仕事を円滑に進めていくためには、必要な文書類が
すぐ取り出せる状態になっていることが極めて重要です。

（1）文書類の保管

文書類は記録性、一覧性に優れていますが、無秩序に保存しておくとスペースの無駄になります。

業務を担当する社員間で共有すべき文書類は私物化せず、必要なときすぐに取り出せるよう保管しておきます。また、不要になった文書類は確実に廃棄する必要があります。

（2）ファイリング用具

クリップ（ゼムピン）	少量の書類などをまとめておくピン
ステープラ（ホッチキス）	文書類を針でとじる器具
パンチ（穴開け器）	紙にとじ穴を開ける用具
レターファイル（フラットファイル）	中にひもなどのとじ具が付いている書類ばさみ
デスクトレイ（決裁箱）	書類を一時保管するための箱
書庫（保管庫）	ファイルを立てて保管しておく棚

第3編　ビジネスマナー

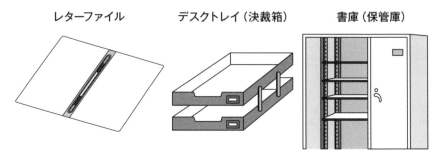

レターファイル　　　　デスクトレイ（決裁箱）　　　書庫（保管庫）

　※クリップについては「オフィス環境と事務機器」の項目（p.283〜284）も参照してください。

（3）キャビネット式保管＝バーチカルファイリング

　バーチカルとは「垂直の」という意味です。書類などはとじずにフォルダーにはさみ、キャビネットに垂直方向に立てて整理する方法です。

　書類に穴を開けずに済みますし、取り出しが簡単で検索にも便利です。とじ具がないのでかさばらず場所をとりません。作成に手間がかからないのが利点です。

①用具

フォルダー	厚紙を二つ折りにした書類ばさみで、中に書類をはさんでファイルする用具。金具がないので入れやすく取り出しやすいです。 中に入れる書類は60枚くらいが適当です。
ガイド	フォルダーの区切りをし、グループ別の見出しをする厚紙。書類の分量が多いときには、大見出しの「第一ガイド」や中見出しの「第二ガイド」を設けると探しやすくなります。
ハンギングフォルダー	フォルダーの上辺左右にフックが付いており、それをレールに引っ掛けて使う、ぶら下がりタイプのフォルダー。薄いカタログや小冊子やパンフレットなどの整理に適しています。
ハンギングフレーム	ハンギングフォルダーの枠
キャビネット	フォルダーを立てて並べる整理戸棚

フォルダー

ガイド

ハンギングフォルダーとフレーム

ハンギングフォルダー

ハンギング
フレーム

キャビネット

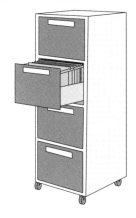

②ファイルのまとめ方

まとめる際の原則は、一緒に使う書類は同じファイルに入れることです。

相手先別整理法	相手の会社名や名前で手紙や書類を分類する方法
主題別整理法	カタログや文献などを書類のテーマ・内容で分類する方法
標題別整理法	伝票・見積書・注文書などの帳票化された文書をタイトル別にして分類する方法
一件別整理法	特定の工事や行事などで分類する方法。始めから終わりまで経過が分かるのが特徴
形式別整理法	分量の少ない報告書・挨拶状・議事録などを文書の形式別にして整理する方法

③ファイルの並べ方

個別フォルダー	相手先別整理法では、受発信された手紙やコピーなどを入れます。
雑フォルダー	個別フォルダーがまだできていない文書類を混在させます。書類が5〜6枚になった時点で新しい個別フォルダーを作成します。
貸し出しガイド	貸出日・返却予定日・使用者を書いておきます。全部貸し出すときには、持ち出しフォルダーを使用します。

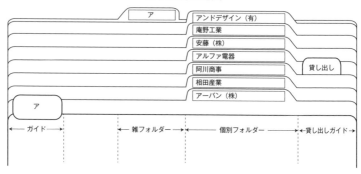

相手先別整理法

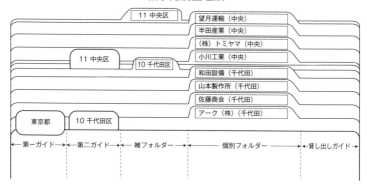

相手先別整理法

④ファイルの移し変えと置き換え

　文書類は保管すべきもの、破棄すべきもので取り扱い方法が異なります。

移し変え	同じキャビネット内でファイルを移動します。
置き換え	年度や期間ごとに内容が変更される文書類は変更のつど、新規文書類と置き換え、旧文書類は保存箱に入れて一定期間書庫や倉庫に保存します。

　自社のカタログなどは永久保存です。

移し変え・置き換えの図

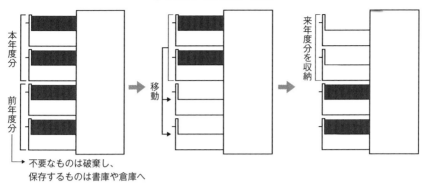

本年度分
前年度分
移動
来年度分を収納

不要なものは破棄し、
保存するものは書庫や倉庫へ

（4）バインダー式ファイリング

　とじ具のついたバインダーを利用して書類をとじ込むファイリング方法です。書類の分量が少ない場合に適した方法です。書類に穴を開けてとじるので、紛失の恐れや順序が乱れるなどの心配がありません。

　一方、書類に穴を開けるということで、正式書類の整理には不向きです。また、とじ込んでいくため、取り出しや差し替えには不便です。

秘文書の取り扱い、名刺やカタログの保管

1 厳重な管理が必要な秘文書

Point

秘文書には極めて重要な内容が記されています。外部へ漏れるとビジネスに多大な影響をおよぼすことがありますので、取り扱いは慎重にしなければなりません。間違いなく処理する方法を身に付けます。

（1）社外の関係先へ発送するとき

　二重封筒にし、中が見えないようにします。内側の封筒には「秘」の印を押し、外側の封筒には「親展」の表示をします。

　簡易書留または書留で送り、先方には電話や電子メールなどで文書を送ったことを連絡します。

　管理のため、「受発信簿」に記録しておきます。

（2）社内での取り扱い

　必ず封筒に入れ、外側の封筒には「親展」の表示をします。受取人に手渡しをします。さらに、文書受渡簿を持参して受領印をもらいます。

（3）コピーするとき

　コピー機の周囲に人がいない時を見計らい、必要部数だけをコピーします。とり損じや余分なコピーを破棄するときはシュレッダーにかけます。原本は、コピー機に放置しないよう注意します。

（4）配付、保管、貸出

　配付の際は秘文書にナンバリングをして、配付先の名前を記入しておきます。
　保管は一般文書とは別に鍵のかかるキャビネットを使用します。
　貸し出しについては、理由が明確であること、借り受け側が慎重に管理す

ることが前提となります。

2 名刺やカタログの保管は検索性も重視

Point

名刺は貴重な人脈データですから、必要なときにすぐ参照できるよう、適切な分類で管理します。また、カタログや新聞、雑誌は大切な情報源になります。有効活用できるよう保管します。

（1）名刺の管理
①効率的な分類方法を選択する
　仕事の形態にもっともふさわしい効率のよい分類方法を選択します。基本となる分類方法としては、会社名・個人名による50音順別管理（どちらでも探せるようにクロス索引にすることもあります）、または取引先の業種別に管理する方法に大別されます。
　なお個人的な名刺は業務と混同せず、個人で別途管理しなくてはいけません。

会社名・個人名別

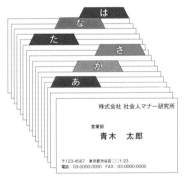

業種別

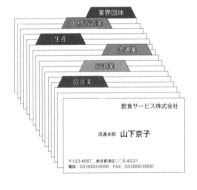

②保管用具

◆名刺整理簿

アルバム式に名刺を差し込み使用するものです。一覧性があり、少量の名刺整理に便利です。

◆名刺整理箱

箱に名刺を立てて整理します。名刺の差し替えが簡単です。多量の名刺整理に便利です。いただいた名刺や使用した名刺はガイドのすぐ後ろに差します。

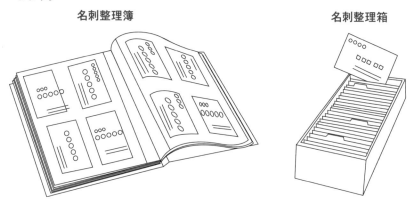

名刺整理簿　　　　　　　　　　　　　　　　名刺整理箱

③名刺整理の留意点

名刺の余白や裏には、受け取った日付・用件・相手の特徴などをメモしておきます。

変更があればそのつど修正し、常に最新の状態にしておきます。

1年に1回ほどの頻度で名刺を整理し、不要になった名刺はシュレッダーにかけて破棄します。

電子機器、パソコンのデータベースなどに名刺データを入力し、管理する方法もあります。検索、修正が簡単にできますし、再度名刺の形に印刷することも可能です。データの管理には細心の注意が必要です。

（2）資料の管理

①新聞・雑誌

切り抜く箇所を赤で囲みます。新聞の場合は翌日、雑誌の場合は次号が来てから切り抜きます。裏面にも切り抜く記事がある場合はコピーします。

記事の余白に、日付、全国版・地方版の別、朝夕刊の別、雑誌の誌名、

発行年月日、該当ページなどや記入します。

②切り抜きの整理法

台紙は A4 サイズとします。1記事1枚が原則です。

テーマ別に整理します。テーマが同じ場合は複数の記事を貼っても構いません。

記事はスクラップブック、フラットファイルにとじ込み整理するのが一般的ですが、とじ込んだ後で特定の記事だけを取り出す手間はかかります。特定の記事の参照頻度が高い場合はフォルダーにはさんで整理したほうが便利です。記事の活用目的に合わせた整理方法を選びましょう。

③カタログ・雑誌の用語

日刊	毎日発行されるもの、紙は新聞・誌は雑誌
週刊	週ごとに発行されるもの
旬刊	10日ごとに（月3回）発行されるもの
月刊	1カ月ごとに発行されるもの
隔月刊	バイマンスリーともいわれ、1カ月おきに発行されるもの
季刊	3カ月ごとに（年4回）発行されるもの
既刊	既に発行されたもの
増刊	定期刊行物ではあるものの不定期に発行されたもの
リーフレット	1枚の印刷物
パンフレット	ページ数の少ない小冊子
カタログ	商品・製品の案内書
総合カタログ	その会社の取扱い製品・商品などをすべて1冊にまとめたもの
バックナンバー	雑誌の旧号
総目次	その年、半年の目次をまとめたもの
奥付	発行年月日や著者などが記載されている部分
紀要	大学や研究所などの研究論文集
機関紙	政党や団体が定期的に発行する新聞
タブロイド紙	一般紙の半分の大きさの新聞

◆カタログの整理

薄いカタログやパンフレットはキャビネットのハンギング式が便利です。製品別、商品別にまとめてファイルします。

自社のカタログはすべて保存し、他社のカタログは最新のものだけを保存し古いものは捨てます。

◆雑誌の整理

最新号のみ手元においておきます。1年か半年分をまとめて合本してもよいでしょう。

日程管理、押印^{おういん}の知識

1 確かな日程管理は社会人の基本

Point

社会人には日程管理（スケジュール管理）を自己責任で確実に行うことが求められます。仕事を時間的に効率良く、しかも正確に進めるためには、社内外の人との打ち合わせ、会議、面談、訪問、出張などの日程管理をしっかり行う必要があります。

（1）日程管理（スケジュール管理）

　仕事内容にふさわしく、しかも自分が使いやすい管理ツール（手帳、携帯電話・スマートフォン、パソコンなど）を用いて日程管理を行うことで、仕事を計画的に進めることが可能となります。

　先約と後のスケジュールとが重なってしまい、仕事の優先順位から先約の方をキャンセルせざるを得ないケースにおいては、できるだけ早く先約の相手先に連絡を入れ、丁寧に詫びた上で先方の都合のつく日時に約束を変更します。

①スケジュール表の作成

　スケジュール表を作成するときには、次の4種類が一般的です。

年間スケジュール	自社の主要行事を入れます。
月間スケジュール	年間行事に加えて、打ち合わせ、会議、面談、訪問、出張などの予定を入れます。
週間スケジュール	時間単位で予定を管理します。
日々スケジュール	明日の日程を確認しておきます。

第3編　ビジネスマナー

②出張管理

出張は時間を要するので、他のスケジュールと事前に調整を図り出張日時を決めます。

役職などにより利用できる交通機関や宿泊費、日当などを定めた旅費規程がある場合は、それに則り行います。

◆出張前にすること

・交通機関の手配
・宿泊の手配
・旅費の準備（経理課などに仮払いしてもらうケースもあります）
・資料、名刺の準備
・上司、関係者に連絡

◆出張中にすること

始業時・昼休憩時・終業時などのタイミングで、1日に1回は会社に連絡を入れます。

◆出張後にすること

・上司にポイントを要領よく口頭報告した上で出張報告書を提出
・同僚などに留守中の出来事、仕事の動向などを確認
・出張精算
・書類、名刺の整理
・必要に応じて出張先へ礼状やメールを送付

2 押印の重要性

Point 日本の文化ではサインよりも印が重視されます。仕事での正式書類を始め、日常生活でも印を使用する場面が多々あります。どのような場合にどう印を使うか、正確な知識を身に付けることが社会人に求められます。

（1） 押印の種類

割印 （わりいん）	同じ文書を2通以上作成した場合に、同一の文書であることの証として押す印
母印 （ぼいん）	手の指紋を代わりとする印
認印 （みとめいん）	宅配便の受け取りなど日常生活でよく使う印
実印 （じついん）	市区町村の役所や役場で登録してある印
捨印 （すていん）	後に文書の字句を訂正する必要がある場合のために、あらかじめ文書の欄外に押す印
消印 （けしいん）	切手、収入印紙を使用した証拠に押す日付入りの印
訂正印 （ていせいいん）	文書の字句を訂正するときに、訂正したことを明らかにするために押す印
捺印 押印 （なついん）	文章上に作成者の責任を明らかにするなどのために氏名を記載し、印章を押すこと
契印 （けいいん）	契約書など二枚以上にわたる場合に、それらが一つの文書であることを証明するために押す印

割印

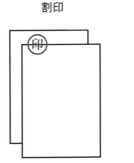

契印

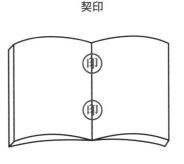

索引

参考文献・資料

- 『キャリア・アンカー』（エドガー・H・シャイン、白桃書房）
- 『その幸運は偶然ではないんです』（J・D・クランボルツ、A・S・レヴィン、ダイヤモンド社）
- 総務省「労働力調査」
- 総務書　ホームページ
- 外務省　ホームページ
- 厚生労働省「賃金構造基本統計調査」
- 厚生労働省「就業形態の多様化に関する総合実態調査」
- 『ビジネスコミュニケーション』（箱田忠昭、日経BP社）
- 『ビジネスコミュニケーション講座』（鹿野晴夫、大塚千春、日経BP社）
- 『仕事ができて愛される人の話し方』（有川真由美、PHP研究所）
- 『ビジネス文書検定受験ガイド』（実務技能検定協会、早稲田教育出版）
- 『ビジネスマナーがかんたんにわかる本』（日本能率協会マネジメントセンター）
- 『秘書検定 集中講義』（実務技能検定協会、早稲田教育出版）

執筆者

「社会人常識マナー検定テキスト」制作委員会　　前原 恵子

近藤 圭子

林　久子

執筆責任者・編集人

前原 恵子　まえはら けいこ

トレランスアクト株式会社 代表取締役社長。人材育成コーディネーター。
大学・短大・専門学校講座講師、企業研修講師、病院研修講師。秘書、専門学
校主幹教員を経て現職。コミュニケーション・接遇マナーなどを指導する講師
育成にも力を注いでいる。全国経理教育協会「社会人常識マナー検定」元主任
作問委員。

主な著書 (共著含む)
『おどろくほどかんたんに秘書検定 2 級に受かる本』(あさ出版)
『おどろくほどかんたんに秘書検定準 1 級に受かる本』(あさ出版)
『一問一答 合格力 up! 秘書検定 2・3 級試験対策短答問題集』(秀和システム)
『社会人常識マナー検定テキスト 2・3 級』(公益社団法人全国経理教育協会)
他

監修

公益社団法人 全国経理教育協会

社会人常識マナー 検定テキスト 2・3級 第2版

2版1刷発行 ● 2024年3月13日

発行所

株式会社エデュプレス

〒336-0025 埼玉県さいたま市南区文蔵1-4-13　Tel. 048（866）1066　Fax. 048（862）7055
https://edupress.net/

発売所

株式会社清水書院

〒102-0072 東京都千代田区飯田橋3-11-6　Tel. 03（5213）7151　Fax. 03（5213）7160
https://www.shimizushoin.co.jp/

印刷所

株式会社エデュプレス

ISBN978-4-389-43070-2 C2036

乱丁、落丁本はお手数ですが当社東京営業所宛にお送りください。
送料当社負担にてお取り替えいたします。
［東京オフィス］
〒110-0005 東京都台東区上野3-7-5　Tel. 03（5807）8100　Fax. 03（5807）8101

社会人常識マナー検定
Japan Basic（ジャパン ベーシック）

対象 外国人留学生、日本での就労者、就労希望者

① 日本の会社で働くときに知っておいたほうがよい社会常識
② 人と接するときに、良い印象を持ってもらえる言葉づかいや態度などの コミュニケーション能力
③ 仕事をするときに知っておいたほうがよいビジネスマナー

公式テキスト

社会人常識マナー検定　Japan Basic（ジャパン ベーシック）

B5判／定価**1,320**円（10％税込）
監　修／公益社団法人 全国経理教育協会
発　行／株式会社エデュプレス

日本で必要とされるビジネスマナーをわかりやすくポイントを押さえて 解説していますので、このテキストを使って学習すれば、すぐに内容を 理解できるようになるはずです。外国人の方が日本のビジネスマナー を学ぶには、最良の教材です。

お問い合わせ先 **株式会社エデュプレス東京オフィス**
〒110-0005 東京都台東区上野3-7-5 天野ビル4階　TEL：**03-5807-8100**